MW01502918

Creando pequeñas comunidades eclesiales

Un plan para reestructurar la
parroquia y renovar
la vida católica

Revisión de 1993

Por Arthur R. Baranowski

En coloboración con
Kathleen M. O' Reilly
y Carrie M. Piro

ST. ANTHONY MESSENGER PRESS

Cincinnati, Ohio

Nihil obstat:	Rev. Thomas Richstatter, O.F.M.
	Rev. Henry S. Benjamin
Imprimatur potest:	Rev. Jeremy Harrington, O.F.M
	Ministro provincial
Imprimatur:	+Edmund Cardenal Szoka
	Arquidiócesis de Detroit
	9 de julio de 1988

El *nihil obstat* y el *imprimatur* son las declaraciones oficiales que un libro no contiene errores doctrinales o morales. Sin embargo esto no implica que los que han dado tales declaraciones necesariamente estén de acuerdo con el contenido, opiniones o declaraciones que en él se encuentren.

El diseño de la portada y el libro son de Julie Lonneman y Mary Alfieri.

La traduccioñ al español fue hecha por el R.P. Jerry Frank y las pequeñas comunidades eclesiales de la Parroquia del Espíritu Santo en McAllen, Texas.

ISBN 0-86716-404-2

© 2000, St. Anthony Messenger Press
Derechos reservados
Publicado por St. Anthony Messenger Press
Impreso en E.U. de A.

Agradecimientos

A Kathleen O'Reilly y a Carrie Piro, mis colaboradoras. Este plan pastoral y el material relacionado se deben a ellas. Juntos formamos un equipo pastoral y compartimos una misma visión y trabajo.

A Lawrence y Judy Berch; los RR. Tim Babcock, David Harvey y C. Richard Kelly; y Raymond Maloney. Estos lectores de mi primer borrador contribuyeron a la claridad, profundidad, e impacto de este libro.

Al P. Tim Babcock y el equipo pastoral de la Parroquia Santa María de Royal Oak, Michigan por alojarme mientras escribía este libro.

A Jim y Linda Pipp por costear la impresión del primer borrador.

A Jean Suzor por mecanografiar la revisión.

A todos los que me han dado la experiencia de ser parte de la iglesia.

Que el Señor les recompense a todos.

PREFACIO

*E*ste libro fue escrito con el fin de promover la
reestructuración de la parroquia en pequeñas comunidades eclesiales.
Creo que el esfuerzo que hicimos para reunir a los fieles en grupos
pequeños de ocho a doce adultos en la parroquia de St Elizabeth
Seton de Troy, Michigan puede servir como modelo para cualquier
parroquia. Este libro es un intento de compartir la visión que nos
inspira tanto como la manera en que fue realizada.

He incluído testimonios reales—historias—de una variedad de
fieles sobre cómo esta reestructuración influyó en sus vidas y los
llamó a ser iglesia. Es verdad que las pequeñas comunidades que
creamos en nuestra reestructuración *sí se hicieron iglesia* a este nivel
más básico. Se desarrollaron lentamente hasta incluir la formación, la
oración, y el servicio, es decir, las actividades de la iglesia al nivel
parroquial.

Todas las parroquias tienen ya algunas comunidades pequeñas
dentro de ellas. Pero en nuestra visión, *todos* los fieles experimentarán
su identidad católica por medio de estas comunidades más pequeñas y
básicas, y nuestro plan ayuda a que una parroquia trabaje gradual y
continuamente hacia ese fin—aunque la meta nunca se alcance
completamente.

Llegamos a usar el término *Pequeñas Comunidades Eclesiales*
(PCE) para nombrar estas iglesias pequeñas dentro de la parroquia.
Para algunos, eso les recuerda a las comunidades de base de
Latinoamérica. Aunque nuestras PCEs tienen muchas cosas en común
con estas iglesias Latinoamericanas, no es útil hacer una comparación

demasiado estrecha ya que las *comunidades de base* no se relacionan con la parroquia de la misma manera que aquí en los Estados Unidos. *Además la parroquia* es el marco de referencia consistente para las pequeñas comunidades que tratamos en este libro.

"Llamados a ser Iglesia", un proceso de llevar una parroquia paso por paso hacia una reestructuración total en pequeñas comunidades, ensalza y apoya la parroquia. Sale de la experiencia de una parroquia específica (St. Elizabeth Seton) y de mis propios veintiocho años de experiencia trabajando con varias parroquias mientras se reestructuraban en comunidades pequeñas. Sin embargo, este plan para la parroquia va más allá de mí y de mi experiencia.

Yo soy un párroco corriente—trabajador, pero normal. Cualquier parroquia puede hacer lo que hicimos en St Elizabeth. Me han asignado a una nueva parroquia y, después de dos años, las Pequeñas Comunidades Eclesiales de St Elizabeth siguen con un nuevo personal parroquial. La nueva parroquia donde soy párroco ahora ya tiene dieciocho comunidades principiantes.

¡Las Pequeñas Comunidades Eclesiales sí funcionan! Los católicos corrientes sí pueden *hacerse* iglesia en vez de sólo *asistir* a la iglesia. Lo más importante es que por medio de las PCEs los fieles pueden saber que ellos hacen una diferencia para las otras personas en la iglesia. Se dan cuenta de que tienen una contribución humana y espiritual para dar—en vez de simplemente recibir la verdad o la inspiración de los programas que ofrece la parroquia. Sus vidas nunca vuelven a ser como antes. Ni tampoco la vida de la parroquia.

Este libro se dirige a cualquier católico, de la edad que sea, que quiera dar el primer paso en renovar su propia parroquia. Ese primer paso puede ser tan fácil como compartir este libro con el párroco y con el personal de la parroquia o con unos cuantos fieles. Las preguntas de reflexión que se encuentran en todo el libro se dirigen a animar a la gente para que las usen al compartir unos con otros y a ayudar a un grupo pequeño a que ponga en práctica la teoría de este libro.

CONTENIDO

¿Porqué cambiar su parroquia?

*E*n los 25 años desde el Concilio Vaticano II, hemos probado muchas cosas para renovar la Iglesia. La cosa que no se ha intentado hacer es cambiar la estructura de la parroquia. Yo creo que eso es lo que necesitamos hacer.

¿Porqué reestructurarse?

Muchas parroquias no funcionan, aunque hay algunas excepciones. Eso no debe sorprendernos, ya que la vida moderna es tan diferente que la vida en el pasado.

Los católicos de hoy se mudan de casa con más frecuencia, sus relaciones personales son menos estables, tienen menos control sobre sus vidas y las vidas de sus familias y están expuestas diariamente a los valores de una sociedad de consumo. La persona muchas veces vale poco y se siente aislada y sola. En un mundo de tecnología, es muy facil existir al margen sin hacerse preguntas serias sobre los valores de la sociedad.

Sin embargo, la vida que se le pide a un discípulo de Jesucristo requiere una conversión basada en la reflexión diaria. Este estilo de vida exige decisiones que van en contra de la cultura. ¿Puede resultar este estilo de vida cuando la mayoría de los católicos sólo experimentan una hora de iglesia cada semana?

Aparte del problema de la cultura, hay algunas tendencias dentro de la vida de la parroquia hoy en día que hacen que la iglesia tenga

1

menos influencia en la vida de los fieles. La parroquia norteamericana, por ejemplo, ya no es el centro de la vida familiar, de la educación y del recreo. Y la frecuencia con la que la gente se muda de casa tiene mucha influencia, porque en unos pocos años cambia una gran parte de los miembros de una parroquia. Hoy en día la parroquia ya no tiene 50 años de vida familiar estable sobre la cual se podría edificar un sentido de comunidad y de valores cristianos.

Otra tendencia es la de tener parroquias grandes en donde el personal se especializa en educación, liturgia o servicios sociales—y esta especialización fácilmente se vuelve en divisiones. Como resultado, muchas parroquias tienen una variedad de actividades, pero no tienen ningún plan específico y práctico para unir a los fieles con el fin de que se ofrezcan apoyo unos a otros como cristianos católicos quienes luchan para vivir el evangelio.

En vez de agregar más programas y actividades en un intento de alcanzar a más gente, ha llegado el momento de ver cómo la parroquia reune a los fieles. ¿Es capaz la estructura parroquial actual de lograr lo que debe ser una parroquia?

El porqué de una parroquia

La parroquia debe alentar dos realidades: una experiencia de *amor* y una experiencia de *fe*. Y la primera de estas tiene que ser el amor.

Debe haber un sentido de apoyo y responsabilidad de unos para otros. Como en una familia, donde todos se quieren, lo mismo tiene que ocurrir en una parroquia. Los miembros de una parroquia tienen que sentirse seguros de ese amor que, dice Cristo, es característico de sus discípulos (Juan 13:35).

El amor tiene que ser específico. Tengo que ser conocido *como una persona*. No basta sólo tener un sentido de bienestar después de la liturgia dominical.

Muchas parroquias hacen caso a las personas que tienen problemas o necesidades específicas, pero hay mucha gente que se pierde. La parroquia no alcanza todas las necesidades de todos sus fieles.

Los fieles no se fijan mucho en unos y en otros, excepto en las personas claves o en situaciones críticas. La estructura de la parroquia no conduce a que los fieles se conozcan unos a otros. Hablamos de amor en la educación religiosa y en las homilías, pero muchas veces la estructura de la parroquia no facilita el contacto necesario para alcanzarlo.

¿Es conocida su parroquia por el cuidado y la preocupación que se tienen los fieles unos con otros?

¿Es que la mayoría de católicos aún esperan encontrar el amor en su parroquia? ¿Y Ud.?

¿Cómo contestarían las diferentes personas de su parroquia las siguientes preguntas: ¿Me conocen? ¿Ora alguien por mí? ¿Siente alguien responsabilidad por mí?

¿Cómo las contestaría Ud.?

La segunda cosa básica que ha de proveer una parroquia es una experiencia de fe. Se nos hace más real Dios o Jesucristo cuando compartimos nuestra fe—o falta de fe—con otras personas porque el compartir nos ayuda a fijarnos en Dios y a tomar en serio al Señor. De alguna manera, tenemos que encontrar a Dios dentro de la vida diaria. Los católicos corrientes—trabajadores de fábrica, padres solteros, ancianos—tienen fe, pero a veces no confían en su fe. La mayoría de los católicos necesitan la ayuda de otras personas, quienes se preocupan de ellos y toman en serio su jornada de fe, antes de que ellos puedan confiar en sus propias experiencias.

¿Es que la persona católica "normal" en su parroquia comparte su experiencia de fe con alguien? ¿Y Ud.?

¿Es que la persona católica "normal" en su parroquia sabe que el compartir sobre su vida de fe es una cosa normal sólo por ser miembro de la iglesia y no necesariamente miembro de un grupo especial? ¿Y Ud.?

Puede ser que haya grupos especiales—de oración, de estudio de la Sagrada Escritura, o catequistas—que comparten la fe, pero ¿es la parroquia entera un grupo de personas que escuchan unos a otros y reflexionan sobre cómo Dios se encuentra en sus vidas?

Es esencial que toda la gente se una como cristianos que comparten sus experiencias porque así más personas se dan cuenta de quién es Dios y cómo les llama para ser iglesia unos a otros.

La estructura de la parroquia en la actualidad ya no sirve para reunirnos en la experiencia de ser católicos cristianos. En contraste, la estructura del programa nuevo de RICA (Rito de Iniciación Cristiana para Adultos) provee el modelo de lo que debe ser una comunidad parroquial.

¿Ayuda su parroquia a los miembros a conocerse y por consiguiente cuidarse y apoyarse unos a otros?

¿Ayuda su parroquia a los miembros a escucharse unos a otros y a compartir sus historias de fe y así a aprender a tener confianza en sus propias experiencias de Dios y a discernir el llamado de Dios en sus vidas?

RICA - Un modelo para ser católicos

El Rito de Iniciación Católica para Adultos (RICA) es el proceso de incorporar a adultos a la iglesia. Pero es más que un proceso de iniciación para aquel pequeño grupo de personas que llegan a ser miembros de la iglesia en la vigilia pascual. Provee un espejo para ver con claridad quiénes somos como iglesia. La manera de recibir a nuevas personas en la iglesia dice mucho sobre lo que significa la iglesia para los ya iniciados.

La parte central del programa RICA es la creación de grupos pequeños en donde la fe de cada uno se comparte con confianza. Anima a las personas a ponerse en contacto con sus propias historias de fe y compartir sus experiencias; provee la experiencia del apoyo, interés y oración de otras personas de la iglesia durante la jornada de RICA.

Se respeta la experiencia de cada persona. Cada participante puede tomar el tiempo que necesite para contar su historia. La formación no es sólo intelectual (sobre las creencias de los católicos) pero tambien incluye el desarrollo de amistosas relaciones personales con unos cuantos miembros de la iglesia.

Es decir que este proceso, que ahora usan las parroquias para recibir a miembros nuevos, vuelve a los fundamentos de *hacerse* un cristiano católico y de ser un cristiano católico. ¿Pero realmente nos vemos y nos experimentamos así como iglesia?

¿Ofrece su parroquia la oportunidad de participar en grupos pequeños donde los fieles pueden aprender a fiarse unos de otros?

¿Invita su parroquia a los fieles a ponerse en contacto con sus propias historias de fe? ¿A compartirlas con otros?

¿Les da su parroquia a los fieles el desafío de comparar sus historias de fe con la de la Iglesia en las Sagradas Escrituras y en su Tradición?

¿Provee su parroquia una experiencia continua de cuidado, apoyo, interés, y oración para cada feligrés?

El RICA ha sido diseñado para ser un modelo de la iglesia. Pero no veo cómo podemos experimentar el ser católico de esta manera sin proveer a todos los feligreses una experiencia de compartir en grupos pequeños. No veo como vamos a ser fieles al compromiso que hacemos a los nuevos miembros que pasan por el RICA sin ofrecerles alguna experencia de iglesia más pequeña.

En muchas parroquias los que terminan el programa de RICA se pierden dentro de la iglesia más grande después de la vigilia pascual. Algunos han solucionado el problema prolongando el programa de RICA o modificándolo. Pero no necesitamos cambiar el RICA, sino modificar la parroquia. Necesitamos dividir la parroquia en iglesias más pequeñas. No se trata de grupos de oración ni de estudio de las

Escrituras o de otros programas—sino de pequeñas comunidades eclesiales permanentes o casi permanentes.

¿Le ayuda su parroquia a seguir creciendo como católico?

¿Lo une a otras personas para orar y conectar su vida diaria con su fe de una manera frecuente y regular?

Cuando se mira el programa de RICA en comparación con su parroquia, ¿qué se ve? ¿Refleja la manera en que se les recibe a los nuevos miembros en la parroquia, la manera en que ustedes en realidad son la iglesia?

UNA HISTORIA

Somos una pareja de 60 años—católicos de nacimiento, irlandeses, muy tradicionales. Asistimos a escuelas católicas a todos los niveles y nuestros hijos también lo hicieron.

Los dos hacíamos todas las cosas "católicas" tal como nos enseñaron. Somos católicos fieles, siempre hemos apoyado a la iglesia con contribuciones monetarias, y organizamos el bingo durante muchos años. Pero nos sentamos atrás en la iglesia, nunca tocamos la hostia, y sólo la recibimos del sacerdote.

Turimos fe, pero estuvo encerrado dentro de nosotros. La diferencia que hizo la PCE (Pequeña Comunidad Eclesial) ha sido enseñarnos otra manera de vivir nuestra fe. Ya no solo sentimos obligados a asistir a la iglesia; sino que queremos asistir para compartir un banquete con nuestra familia parroquial.

En el pasado, nuestra fe era una cosa privada. Ahora, en cambio, hablamos abiertamente de nuestras dudas, temores y alegrías con las personas de nuestro grupo pequeño, y sabemos que nos ayudarán. Somos mayores que los otros, pero eso no importa. El compartir abiertamente—no estar siempre de acuerdo, sino compartir—nos ha ayudado a darnos cuenta de Dios dentro de nuestras vidas de una manera diferente.

A causa de las muchas mudanzas debidas al trabajo, hemos vivido en muchas parroquias en varios estados. St. Elizabeth Seton es única. El amor y las atenciones entre todos los fieles tienen que ser el resultado de las comunidades pequeñas.

Puede ser que Matt se jubile este año. Esta es nuestra casa ahora más que St. Louis, de donde venimos y en donde tenemos parientes y viejos amigos. Lo más probable es que nos quedaremos aquí, si tenemos salud, a cansa de las personas del grupo pequeño y de la parroquia. Hace unos cuantos años, nunca hubiéramos dicho esto.

Ser quienes somos de una manera mejor

De muchas maneras, el Concilio Vaticano II nos hizo volver a las ideas básicas subrayando quiénes somos como iglesia. La iglesia es todo el pueblo de Dios. El bautismo y la confirmación realmente nos llaman a cada uno de nosotros a ser santos, a tomar responsabilidad por la vida interior de la iglesia, y a ser responsables por la misión de la iglesia en el mundo.

Lo que no hizo el concilio, sin embargo, fue enseñarnos cómo esto podría realizarse dentro de la vida diaria de un católico corriente en su parroquia. Cómo podría ser la iglesia "nosotros" y no "ellos", y no sólo los domingos, sino todos los días.

¿Ve a sus hermanos en la parroquia en general conscientes de su llamado a ser iglesia? ¿Es importante eso en su conciencia de Ud. mismo?

¿Qué influencia tiene la parroquia en la manera en que sus miembros piensan y toman decisiones diarias? ¿Para Ud.?

Si está satisfecho con lo que hace su parroquia, este plan no es necesario, pero si no, puede ayudar.

Este plan que se formó en St Elizabeth Seton para introducir la estructura de pequeñas comunidades eclesiales (PCEs) nos dió un mejor sentido de identidad como iglesia. Descubrimos que lo que hacíamos era introducir de nuevo un tesoro de viejos conceptos que siempre habíamos tenido como comunidad cristiana católica. Pero ahora, ese tesoro estaba al alcance de muchas más personas.

El primer paso es enfocarse en el proceso básico de la vida cristiana, comenzando con uno mismo, si no lo ha hecho ya, y animando a otras personas de la parroquia a que lo hagan también. ¿Cuál es el proceso? Discernir el llamado de Dios diariamente en su vida.

Eso quiere decir fijarse en los eventos de cada día, las decisiones, los encuentros personales—y el efecto que tienen en Ud—para descubrir su significado. A veces hay que mirar para atrás a períodos de tiempo más largos. Todos pueden hacer eso. Sólo hace falta la práctica y el tiempo.

También es importante hablar con otras personas que también esfuerzor a descubrir el significado de sus vidas diarias. Muchos dicen que no tienen quien les escuche, pero todos tienen el derecho de compartir su experiencia y su historia de fe y de ser escuchados dentro de la comunidad de fe. Eso es esencial para el desarrollo de la conciencia y el aprecio de la presencia del Señor en nuestras vidas.

Es fácil hablar de la religión o de la iglesia; es más difícil hablar de lo que significa para nosotros.

El paso siguiente es aún más difícil: comparar mi experiencia personal del Señor con la de la iglesia en sus Sagradas Escrituras, sacramentos y tradición. Sólo por medio de hacer estas conexiones podremos descubrir al Señor, quien nos da un enfoque en nuestra vida personal por medio de la historia de la iglesia.

Es esencial el proceso de compartir, pero dentro de las parroquias no existe normalmente la estructura para hacer eso de una manera continua y consistente. Además, esta manera de compartir va en contra de la cultura en la que vivimos hoy en día. Por eso, sólo puede tomar lugar si hay apoyo, y la parroquia casi siempre es demasiado grande para proveer ese apoyo.

Mirar hacia nuestro pasado

La idea de compartir en grupos pequeños no es nueva. Todas las parroquias tienen grupos pequeños donde los fieles comparten sus vidas y su fe en algún nivel. ¿Qué es diferente en nuestro plan? Queremos que todos los fieles tengan esta oportunidad como una parte de la vida normal de la parroquia.

En el pasado, la parroquia pequeña, familiar, y estable era lo normal. Las grandes ciudades y las parroquias grandes e impersonales son una cosa nueva. Entonces, no queremos inventar algo nuevo, sino proveerles a los fieles de hoy algo que siempre existía. Queremos tener la misma iglesia católica "vieja" dentro de la cual puede obrar el Espíritu Santo—pero de una manera más eficaz para nuestra época y lugar.

Ya existe la fe dentro de los fieles de hoy—muchos oran diariamente, toman decisiones basadas en sus creencias, hacen obras de caridad y tratan de cambiar las estructuras sociales injustas. Sólo queremos proveerles una manera de fortalecerse unos a otros, para que sean quienes son de una manera mejor.

¿Qué cualidades ve en las personas dentro de la iglesia que le ayudan a Ud. Tener confianza en su parroquia? Hable sobre personas y de ejemplos específicos.

¿Sería posible encontrar unos momentos con una o varias de estas personas para hablar acerca de su fe? ¿este libro? ¿su parroquia?

U N A   H I S T O R I A

Me llamo Max. Vine con mi familia a los Estados Unidos hace diez años por un cambio de trabajo. Soy ingeniero.

De joven, tuve poca experiencia de la religión organizada. Había recibido un poco de instrucción en la Iglesia Anglicana y había asistido a servicios en esa iglesia de vez en cuando y en la Iglesia Católica unas pocas veces. Mis padres no querían tener mucho que ver con las iglesias, y la iglesia no me parecía tener importancia en la vida. Yo era un poco cínico respecto la religión, y nunca había conocido a nadie para quien la religión fuera una cosa de mucha importancia.

Yo ví a los servicios dominicales como si el sacerdote estaba por allí haciendo lo que hacía y no tenían ninguna relación con la vida real de los presentes. Ahora sé que mis opiniones no eran imparciales y que eran las de un simple espectador, pero conozco a muchos católicos que confiesan que el ir a la iglesia no influye mucho en sus vidas.

La experiencia que tuve de la liturgia en St. Elizabeth Seton fue diferente por varias razones. Yo me encontré diferente—un poco menos crítico (pero sólo un poco) ya que era más maduro. También había tenido contacto con unos vecinos católicos a través de los años que tenían una actitud positiva hacia la iglesia, y mi hijo tenía interés en la iglesia.

Fui bautizado en la comunidad católica en la pascua del año pasado. Mucho ha pasado durante los últimos dos años, pero la experiencia de la gente en la liturgia me ha tenido un efecto permanente. Todos pertenecíamos y éramos parte de ella.

Mi actitud más positiva hacia la iglesia vino gradualmente, pero creció debido a cómo yo experimentaba a todos durante la Misa. Después, entonces, he oído a otras personas hablar de nuestra parroquia con las dos cualidades que yo había visto allí pero no sabía poner en palabras: reverencia hacia Dios y preocupación de unos por otros. Es cierto. Lo puede sentir. Yo sé ahora que estas cualidades son más visibles en St. Elizabeth Seton debido a las pequeñas comunidades de fe que refuerzan y profundizan estas cualidades.

CAPITULO 1

Una manera nueva de ser iglesia

*L*a visión presentada en este libro no es única porque promueve la formación de grupos pequeños. La iglesia siempre ha sabido que es necesario tener grupos pequeños. Ya existen programas excelentes: RENEW (Renovación), Encuentro Matrimonial, Cursillo. Lo que sí es diferente aquí es que los grupos pequeños no se quedan como grupos pequeños. Se hacen iglesia en el nivel más básico. Este plan no es solo otro programa sino cambia la manera en que se reúnen los fieles para ser iglesia unos para otros y todos para el mundo, y así cambia la estructura de la parroquia para siempre.

Niveles de pertenecer

Este esquema demuestra cómo la iglesia de base—La pequeña comunidad eclesial—se relaciona con las otras expresiones de la iglesia. Cada círculo representa una expresión de la comunidad de la iglesia. El círculo grande de afuera es la comunidad universal de católicos, de 950 millones, con el Papa como su pastor. Cada círculo interior se hace más pequeño y por eso representa una experiencia más personal de ser iglesia.

La gran iglesia universal es una comunión de diócesis. Pero cada diócesis es también una iglesia y es, de hecho, una comunión de parroquias. Aquí agregamos otra expresión de iglesia: la iglesia base, la pequeña comunidad eclesial. Así la parroquia se convierte en una comunión de comunidades pequeñas.

Niveles de iglesia

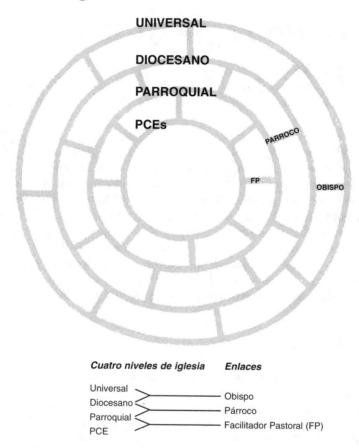

Cuatro niveles de iglesia   *Enlaces*

Universal
Diocesano
Parroquial
PCE

Obispo
Párroco
Facilitador Pastoral (FP)

Fíjese en que el enlace entre cada dos niveles es una persona pastoral: el obispo para la diócesis, el párroco de la parroquia, y el facilitador pastoral de la PCE. La Iglesia Católica existe en varios niveles y se puede ver como una comunión de diversos niveles y expresiones de iglesia.

Para un católico, pertenecer a la iglesia en cada nivel aumenta el valor de pertenecer en los otros niveles. Es en el nivel parroquial que los católicos experimentan la iglesia de forma más personal. Las comunidades pequeñas sólo aumentan la lealtad y el compromiso hacia la parroquia en su totalidad.

Hay dos ejemplos de St. Elizabeth Seton. Primero, los miembros de los grupos pequeños, aún los que no habían sido muy activos antes, siempre respondían a las necesidades de toda la parroquia. Segundo, en casi todos los casos, los esposos no católicos de los miembros entraron finalmente en la Iglesia.

Un plan comprehensivo para la parroquia

Este plan no consiste en añadir grupos para algunos fieles mientras sigue la parroquia entera como antes. La idea es animar a todos a experimentar la iglesia a este nivel. La visión se pierde si los grupos pequeños son sólo una actividad más dentro de la parroquia. Tiene que ser la visión de lo que debe ser la iglesia de largo plazo para cada persona. Los grupos son para todos los fieles católicos, no sólo los muy devotos. Han de ser permanentes o casi permanentes e incluir las actividades de la iglesia grande: oración, formación y servicio.

Todo eso exige trabajo. Siempre es un desafío animar a la gente a que participe en un programa nuevo. Y nunca termina. Las tres etapas de desarrollo de un grupo pequeño ocupan por lo menos dos años. Siempre habrá nuevos grupos que estarán empezando. Toda la parroquia no experimenta el proceso al mismo tiempo.

En nuestra opinión, la parroquia necesita planear de una manera organizada para el proceso. Entonces el plan pastoral de la nueva estructura tiene que ser el enfoque de todas las otras actividades de la parroquia.

Los líderes pastorales de la comunidad grande se hacen más importantes, no menos. La Eucaristía dominical continua siendo fundamental, quiza más que antes porque es la experiencia que une a todas las comunidades pequeñas. También son importantes los programas de formación religiosa para todas edades porque proveen la experiencia de la iglesia más grande. Tienen que existir fuertes lazos pastorales con los otros niveles de la iglesia. Así que el plan de ninguna manera divide la parroquia.

El puente pastoral

La pequeña comunidad de fe es verdaderamente la iglesia. Su líder se llama "facilitador pastoral" (FP). La palabra importante es "pastoral". Sólo una persona puede actuar como "pastor" dentro de un grupo. Puede haber varios "líderes de facilitación," pero sólo un pastor.

Cada nivel de la iglesia es unido al nivel siguiente por una persona pastoral: el obispo, el párroco y el facilitador pastoral de la pequeña comunidad eclesial, que la une al pastor y al personal de la parroquia. La iglesia en miniatura no existe sin estos enlaces entre los niveles de la iglesia.

Es el enlace pastoral—el facilitador pastoral—lo que evita que el grupo se vuelva sobre sí y que se aísle o se aleje del resto de la parroquia.

'Tú nos has unido'

La parroquia existe para unir a la gente y esta nueva estructura de formar grupos pequeños une a la gente de una manera más eficaz.

St. Elizabeth Seton tiene 600 familias, la mayoría son parejas de 35 a 39 años, los dos trabajando, algunas personas mayores, se mudan frecuentemente, no hay ninguna escuela parroquial, los adultos trabajan en otras ciudades, hay padres de familia que todavía estudian. Es decir, no es la clase de gente que normalmente estaría muy presente en su parroquia. Hace 10 años, pocos hubieran tenido como una prioridad en su vida el ser mejores católicos o compartir su fe en un grupo pequeño.

Después de 10 años, la parroquia tiene 250 personas en 34 pequeñas comunidades eclesiales. Siguen aquí dos historias que no hemos cambiado en absoluto. Ninguna de las dos personas es típica de una persona que normalmente entra en grupos en una parroquia.

La primera historia habla de compartir con otros después de haber experimentado una comunidad pequeña. La segunda llega a lo más profundo de las pequeñas comunidades eclesiales: la manera en que los católicos corrientes de una parroquia normal ejercen influencia unos en otros y en la parroquia a través de sus vidas diarias.

UNA HISTORIA

Soy mamá de dos niños y tengo 32 años, 11 años de casada. Yo había estado fuera de la iglesia desde que me casé y vine a la parroquia después del nacimiento de nuestra segunda hija, más que nada para bautizarla. ¿Qué le parece eso, volver por una razón muy mala?

Mis padres nunca participaban tampoco. Nunca asistí a una escuela católica.

La diferencia que ha sido mi pequeña comunidad para mí es que no tengo que luchar sola tanto. La PCE cambió mi vida. Quisiera hablar de eso con más facilidad, pero todavía se me hace difícil, así que escribo.

La experiencia de ser parte del grupo y de participar en las luchas y sentir la confianza y el amor realmente me dió el valor y el apoyo que necesitaba para confesarme. Verdaderamente cambió mi vida. Siempre les agradeceré por eso. A veces me parece como un sueño. Había vivido tanto tiempo sintiéndome culpable que cuando por fin fui a confesarme era como si se me quitaba de encima un gran peso. A veces no puedo creer que realmente lo hice o que hizo tanta diferencia en mi vida por fin decirlo todo.

Ahora comienza el trabajo de veras. Eso había sido tan duro que no podía pensar en nada más. De verdad, era mi excusa para todo lo que no me iba bien, y por eso fue difícil soltarlo. Ahora hay que comenzar con otras cosas, y eso me da un poco de miedo—pero sí tengo la esperanza de poder encontrar las soluciones.

¿Cómo pude vivir sin las personas de mi comunidad pequeña? Dios me mandó aquí a la parroquia y a este grupo para que pudiera ocurrir todo esto, estoy segura. El puso a toda esta gente en mi camino, y, por eso, sé que Dios tiene que amarme mucho. Si sólo puedo dar un poco de lo que he recibido, estaré contenta.

OTRA HISTORIA

Me llamo Romeo; tengo 37 años. Todavía no puedo creer que estoy escribiendo sobre mi experiencia como católico o que nadie tendría el interés de escuchar mi experiencia de la iglesia.

Primero, he sido católico toda la vida, pero no asistía mucho a la iglesia. Mi familia iba a Misa de vez en cuando. En la parroquia grande donde me crié, la iglesia era un lugar a donde ibas. Segundo, no soy muy sociable y prefiero estar solo.

Empezó a cambiar mi opinión sobre ser católico hace tres inviernos, al discutir con mi esposa antes de ir al trabajo. Ana me dijo que no sabía si quería quedarse casada conmigo. Ese día se me deshizo la vida. Teníamos tres niños pequeños, aún no iban a la escuela. Yo había hecho correctamente todas las cosas que aprendí en un hogar étnico, como ser responsable y trabajar muchas horas. A las 7:30 de la mañana entre semana, yo tenía que hablar con alguien. No podía ir a trabajar porque estaba demasiado turbado.

Fui a la casa parroquial para hablar con el Padre Art porque por entonces no tenía otros amigos. No tenía a donde ir. Dos años después, todavía estamos casados y he (hemos) cambiado las prioridades y nuestras opiniones. No fuimos a un consejero matrimonial sino que nos unimos a un grupo pequeño en la iglesia con otras parejas como nosotros y dos adultos solteros también. Yo no quería participar, y al principio no decía gran cosa, pero el Padre Art me había pedido que fuera a seis juntas antes de dejarlo.

No me gusta participar en los grupos por lo general. Necesité más de las seis sesiones para ponerme cómodo con el grupo pequeño. Ahora la gente de ese grupo son nuestros amigos. Les importamos nosotros y les importa nuestro matrimonio, y rezan por nosotros. Las parejas de nuestra comunidad pequeña entienden la lucha que tenemos mi esposa y yo porque ellos también necesitan revisar de nuevo las prioridades de la familia, hacerse preguntas sobre caer en el mismo patrón viejo de trabajo y responsabilidad, y también saber que Dios está presente para ellos en sus matrimonios.

No nos hizo falta un consejero matrimonial. Sé que para algunas parejas es necesario, pero lo que necesitábamos Ana y yo era algunas personas a quienes podíamos importar y con quienes hablar sobre nuestra vida.

Cuando salió el Padre Art de la parroquia, nuestra pequeña comunidad lo invitó para despedirnos. Hicimos una tarde especial para decirle la diferencia que había hecho la pequeña comunidad en nuestras vidas. Después de celebrar, nos pusimos más serios. Cuando nos llegó el turno de hablar, Ana y yo nos pusimos ante él. Le pregunté si recordaba cuando fui a verlo hace dos años para hablar de mi vida y mi matrimonio. "Yo no conocí a estas personas entonces," dije, "Ud. era la unica persona a quien pude ir."

Le dije que estaba muy agradecido por estas personas con quienes nos juntó. Mi vida ha cambiado mucho a causa de las personas de nuestro grupo pequeño. "Ud. nos unió," le dije. "Realmente no conocí a estas personas hace dos años. Ahora son como familia."

Hoy Romeo no tendría que visitarme a mí o a otras personas del personal de la parroquia porque él y Ana tienen compañeros católicos como apoyo en la oración. Los miembros de la pequeña comunidad eclesial son ministros unos para otros en vez de mirar hacia el sacerdote o el personal de la parroquia para todo. El trabajo más importante del personal es buscar la manera de unir a los fieles para que sean iglesia unos para otros.

Pienso que el comentario de Romeo de que yo uní a estas personas es una alabanza muy grande para mí como párroco. No es lo que yo, como persona puedo hacer por otras personas en mi parroquia, sino lo que puedo enseñarles a hacer unas por otras.

En resumen

Unir a la gente de la parroquia en grupos pequeños no es la única manera de ser iglesia, pero creo que es la manera más eficaz. Escribo este libro para convencerles que (1) formar pequeñas comunidades eclesiales es posible en casi todas las parroquias; (2) el párroco o empleado de la parroquia corriente es capaz de hacer esta nueva estructura; y (3) hacer una reestructuración de la parroquia en grupos pequeños vale la pena.

El proceso requiere tiempo y trabajo. El resto del libro explica cómo este plan pastoral afecta todos los elementos de la parroquia y da un plan práctico que cualquier parroquia podría seguir.

CAPITULO 2

Desde la visión hacia la realidad en su parroquia

*E*s necesario tener un plan con pasos claros y específicos. Hay que ver las actividades que existen en el presente y ver qué relación pueden tener con el propósito de reestructurar la parroquia y cómo se puede utilizar los recursos en cuanto al tiempo y talento de los fieles y del personal.

La iglesia católica en los EEUU ha tenido este tipo de plan durante la mayoría de su historia: una parroquia muy íntima alrededor de una escuela parroquial. Y ha tenido mucho éxito. Los católicos han hecho mucho esfuerzo y mucho sacrificio.

¿Pero a dónde vamos hoy? Algunas parroquias sólo proveen servicios y sacramentos, pero ninguna verdadera participación en la vida de la Iglesia. Algunas tienen muy buenos programas, pero sólo duran mientras están allí las personas que los organizaron.

¿Tiene su parroquia un plan a largo plazo? ¿Qué es? ¿Da este plan una razón por todas las actividades dentro de la parroquia?

¿Necesita su parroquia un plan nuevo?

Un proceso de tres fases

Un gru po pasa por tres fases al hacerse una iglesia de base. No vienen necesariamente en el mismo orden siempre y no tienen un principio o un fin muy claro. Son, más bien, tres experiencias que hay que tener para que las pequeñas comunidades se desarrollen y maduren.

Primera fase: Una primera experiencia. Consiste en un grupo de 8 a 12 personas quienes se comunican y se aprecian sinceramente. Hay varios formatos. Ven Así Como Tu Eres (vea el Apéndice F en la página 77) es un programa especificamente diseñado para proveer esta experiencia inicial. Lo importante es reunir a los participantes cada semana para que tengan un sentido de formar parte del grupo y para desarrollar las siguientes destrezas: escucharse unos a otros, hacer caso a sus propias experiencias y prioridades, y afirmarse a uno mismo y uno a otro.

El programa de la primer fase debe proveer lo siguiente:

• buenas dinámicas del grupo, usando agrupaciones más pequeñas de dos o tres personas

• un formato facil que varias personas pueden facilitar por turnos

• una práctica en el escuchar las experiencias de vida de otras personas y no tanto platicar sobre 'asuntos eclesiales'.

Segunda fase: Un módulo acerca de la oración. En St. Elizabeth hicimos un programa de 11 semanas llamado *Orando solos y juntos* para animar a los participantes en los grupos pequeños a orar aparte y en grupo con regularidad. (El proceso está publicado, y se llama Orando solos y juntos de St. Anthony Messenger Press.) También existen otros formatos, como, por ejemplo, *Meditaciones para andar por cosa: Con un plan de 12 semanas para la oración en grupos.* (Vea el Apéndice F en la página 77.)

La idea es reunir a la gente cada semana o quince días para practicar el arte de escuchar y responder a la revelación de Dios dentro de y alrededor de nosotros en cada momento. Tiene como su meta el aumentar el respeto a la vida, sobre todo a la vida de uno mismo.

Tercera fase: Ser iglesia a largo plazo. Al final de la segunda fase, el grupo empieza a identificarse específicamente como "iglesia."

Se puede usar este libro *(Creando pequeñas comunidades eclesiales)* en las discusiones de grupo en la 3a fase. Los Participantes hacen un acuerdo y también hacen una evaluación de su grupo como iglesia (véase los Apéndices A y B). Para entonces, alguien del grupo habrá sido entrenado como facilitador pastoral (vea el libro, *Pastoreando a los pastores*, publicado por St. Anthony Messenger Press). Esta persona tendrá el cargo de conectar el grupo pequeño a la parroquia más grande.

El grupo se reúne con regularidad. Parece que cada quince días funciona bien. En cada encuentro, la iglesia básica "abre" las Escrituras dominicales con la ayuda de preguntas de enfoque especialmente preparadas. (Habrá más información en el capítulo 5.) Los miembros intentan conectar su experiencia de fe particular con la experiencia de la iglesia en la Escritura y en la Tradición. La meta de esta fase es apoyar a la pequeña comunidad eclesial en su forma permanente. En esta fase ya podemos empezar a hablar de una "iglesia de base," porque es la manera de seguir viviendo nuestra fe en comunidad. No hay más fases.

Resumen: Proceso de llamados a ser iglesia

	PRIMERA FASE: *La experiencia inicial*	SEGUNDA FASE: *El módulo de oración*	TERCERA FASE: *La iglesia de base como comunidad cristiana*
META:	Ocho a doce personas que toman el tiempo de - comunicarse - apreciarse - pertenecerse unos a otros	8 a 12 personas que se apoyan en un compromiso - a orar solos - a orar juntos	Una comunidad pequeña que confirma su identidad al - conectarse con la historia de la iglesia - tender la mano en servicio y ministerio a otros
DESTREZAS:	Escuchar Poner atención a la vida Identificar las prioridades Afirmarse a uno mismo y uno a otro	Orar, que es definido como: "El arte de escuchar y responder a Dios quien se revela de momento a momento."	Aprender acerca de la historia y vida de la iglesia Crear buenas preguntas de enfoque para compartir sobre los evangelios dominicales a través del año litúrgico
FORMATO:	Uno de varios programas de iniciar el proceso de formar pequeñas comunidades. Se recomienda *Ven así como tu eres.*	Orar solos y en grupo	Formato de dos horas para la pequeña comunidad eclesial (véa la página 53)
ENCUENTROS:	Cada semana	Cada semana o quince días	Cada semana o quince días, según la decisión de los miembros

Un compromiso a largo plazo

Es necesario planear con cuidado y con una visión realista para el largo plazo. Cada parroquia tiene que buscar su propio camino. Es necesario ir despacio y pensar bien en lo que se hace.

El resto de este libro tratará de asuntos específicos para poner en práctica este plan de tres fases en su parroquia. El Apéndice E incluye las etapas del desarrollo psicológico por las que pasan todos los grupos en camino de llegar a ser comunidades.

Los primeros pasos

Después de haber compartido la visión con otras personas, siguen siete pasos para ayudarles a comenzar el proceso.

1) Identificar a las personas claves y formar un equipo central.
2) Hacer una evaluación de la parroquia.
3) Comenzar con la experiencia.
4) Unir a varias parroquias del área.
5) Comenzar con algo pequeño y hacer metas realistas.
6) Alumbrar a toda la parroquia con la visión.
7) Hacer un compromiso a un liderazgo consistente. Ahora miremos más de cerca a cada uno de estos pasos.

Identificar las personas claves/Formar un equipo central

El plan se hace plan para la parroquia al convencer a los líderes de la parroquia. Estas personas incluyen al párroco, a los asociados pastorales, al personal, al consejo pastoral, a las comisiones, etc. Pero también hay que identificar a los líderes, oficiales o no oficiales, y compartir la visión con ellos.

¿Quiénes son las "personas claves" de su parroquia?

¿Quiénes son las mejores personas para:

23

explicar claramente la visión de reestructurar la parroquia, y seguir explicándola?

animar a los fieles a participar en una primera experiencia de grupo?

encontrar los mejores programas para que los participantes se sientan cómodos unos con otros y comiencen a compartir?

identificar a los líderes, posibles facilitadores pastorales?

seguir animando a todos a volver a la visión, y al plan, y al compromiso que han hecho?

Algunas de las personas claves forman un equipo central con el párroco. Debe haber no más de unas 8 a 12 personas para que comuniquen bien y trabajen bien juntas. Este grupo incluirá por lo menos un facilitador pastoral cuando el programa se haya adelantado hasta el punto de necesitarlos. El equipo central comienza simplemente por leer y discutir este libro.

Este grupo gradualmente vendrá a compartir la fe y orar juntos a fin de mantener una visión clara para la parroquia. A través de los años, seguir haciendo una evaluación del progreso, identificar nuevas personas claves, animar a los fieles a comenzar grupos nuevos, apoyar a los grupos que continúan, y ayudar a un párroco o asociado nuevo a experimentar el proceso de las pequeñas comunidades eclesiales. Tiene que ser un grupo permanente porque el proceso es continuo.

¿Cuáles de las personas claves nombradas arriba serían buenas en un equipo central para la parroquia?

24

Valorar su parroquia

Es importante tomar el tiempo de conocer a las personas de la parroquia. Hay que conocer la historia de la parroquia, los grupos étnicos o raciales, tipos de vecindarios—todo eso tiene influencia en la manera de proceder.

Hay que buscar la manera de cultivar la confianza entre los fieles. Se puede comenzar la primera fase por medio de misiones o retiros, como en la historia que sigue.

UNA HISTORIA

Yo soy hispano, nacido en Argentina, y llevo 20 años en los Estados Unidos. Me hice ciudadano en 1974. Trabajo ahora en la parroquia de San Vicente de Paúl de Pontiac, Michigan. Tenemos una parroquia mixta con anglosajones, gente de color negro e hispanos. Los hispanos somos más de 50%, siendo la mayoría Mejicano-americanos con algunos Puertorriqueños y Centro o Sudamericanos.

Nuestra parroquia hizo el compromiso de formar comunidades pequeñas en 1984. Yo llevo tres años como líder de un grupo en inglés. El crecimiento y la vida de este grupo me dieron el deseo de compartir la experiencia con los hispanos de la comunidad.

Pero los grupos pequeños tienen que tener en cuenta la diferencia entre diferentes grupos de personas. Lo que trabaja bien para algunos a veces no sirve para otros. Así en Adviento del año pasado decidí probar algo.

Hicimos una novena a Nuestra Señora de Guadalupe, pero en vez de hacerla en nueve días, la hicimos en nueve semanas. Hay cinco diáconos hispanos en la parroquia, así que cada uno fue líder de un grupo diferente. Cada grupo se encontró en una casa diferente cada vez, y la imagen de la Virgen viajaba de casa en casa.

Yo preparé los materiales para cada semana. El formato incluía el canto, la oración y tres o cuatro preguntas para compartir. Participaron muchas personas, y las evaluaciones fueron muy favorables. Algunos grupos siguieron juntándose durante el año, y todos los grupos prepararon algo especial para la fiesta de Nuestra Señora de Guadalupe, el 12 de diciembre. Tuvimos una celebración especialmente linda.

Durante la cuaresma de 1987 usé la misma idea, pero esta vez hice una grabación con cantos en español apropiados para la cuaresma. En vez de usar la imagen de la Virgen, hicimos un pequeño altar con un crucifijo en cada casa (un crucifijo familiar si es posible) y una vela. Las preguntas se dirigían a las circunstancias especiales de nuestra comunidad hispana.

Los ancianos y las personas que no tenían transporte fueron recogidos por los otros. La experiencia fue maravillosa. Nuevas personas comenzaron a venir a la iglesia. Tuvimos bautizos, primeras comuniones, nuevos niños para la educación religiosa. Los diáconos también han llegado a sentirse cómodos con el formato del grupo pequeño.

Tengo la esperanza de que esto sea un principio para nosotros y que, en el futuro, la mayoría de nuestros fieles serán miembros de comunidades pequeñas.

¿Qué circunstancias especiales tendría que tomar en cuenta su parroquia al ir hacia convertirse en estas pequeñas comunidades eclesiales?

¿Cuáles son las experiencias favorables o no favorables de los grupos pequeños que tendrían que ser incluídas en todo plan?

Comenzar con la experiencia

No es posible hacer planes para algo que no se ha experimentado. Posiblemente será necesario formar una pequeña comunidad eclesial durante un año para poder hablar de su propia experiencia.

Una vez que se hayan seleccionado los miembros del equipo central, cada uno de ellos tendrá que hacerse miembro de un grupo pequeño principiante y quedarse con el grupo durante su desarrollo. Los líderes tienen que tener una experiencia del desarrollo de un grupo y tienen que ver lo que ayuda o estorba a un grupo en su desarrollo. Los líderes podrán mejor animar a otras personas a participar si ellos han visto personalmente como funcionan los grupos y como pueden ayudarse los católicos corrientes unos a otros.

Probablemente no es buena idea poner a los miembros del equipo central en el mismo grupo pequeño. En este caso, no sería un grupo normal, y no se puede sacar mucha idea de cómo van a ser los otros grupos. Deben reunirse con grupos de fieles de diferentes edades y etapas de la vida. No tienen que conocerse de antemano. Es bueno tener unas 8 a 12 personas.

El primer año será un éxito si unos pocos grupos—o incluso si uno—progresan por el formato que la parroquia tiene planeado para la primera y segunda fase. Ya en el segundo año, esos "graduados" serán las mejores personas para animar a otros a participar.

¿Puede Ud. y otras personas que apoyan la idea de pequeñas comunidades eclesiales hablar desde el punto de vista de su propia experiencia? ¿De qué experiencia?

Si no es así, ¿cómo pueden planear una primera experiencia para ustedes antes de comenzar con toda la parroquia?

¿Cuál de los varios programas de comenzar a formar comunidad para la primera fase parece mejor para su parroquia?

Incluir varias parroquias de la región

Si unas cuantas parroquias en una diócesis o la misma parte de un estado siguen el plan de re-organizarse en comunidades pequeñas, se pueden ayudar mutuamente. Pueden compartir información práctica. Así también se puede tener experiencia de lo que es la Iglesia Católica porque toda la idea de re-estructurarse en comunidades pequeñas es hacer que la iglesia sea lo mejor que pueda ser.

Comenzar pequeño y poner metas alcanzables

Cada comunidad pequeña que se forma al principio necesitará un facilitador pastoral dentro de un año, y este facilitador pastoral necesitará entrenamiento y una formación continua. (Vea *Pastoreando a los pastores* de St Anthony Messenger Press.) El personal de la parroquia tendrá que encargarse de eso, lo que quiere decir que quizá tendra que limitar otras actividades en la parroquia.

Comenzar con 60 o 70 grupos a la vez sería imposible y podría significar el fracaso del programa. Es más razonable comenzar con cinco, cuyos participantes pueden animar a otras personas el año que sigue. O es posible comenzar hablando con el párroco y formando solo un grupo.

Parece mucho convertir a toda la parroquia en pequeñas comunidades eclesiales. Es importante ir un paso a la vez.

UNA HISTORIA

Soy el Padre Dick Kelly. Llevo siete años como párroco de una parroquia con 1,100 familias—y he sido su único sacerdote. Tenemos edades diferentes y muchos mejicano-americanos. Muchas personas pasan por la parroquia pidiendo toda clase de ayuda.

Lo que más me gusta de este plan de reestructurar la parroquia es que es *posible* para los "ministros viejos y cansados". Estamos inundados por las exigencias del ministerio, a veces exigencias del momento. Esta nueva estructura no es simplemente agregar más programas y causar más cansancio. Nos alivia de tener que estar en contacto constantemente con cada persona de la parroquia, y les enseña a los fieles a ayudarse unos a otros.

También me gusta el hecho de que el proceso incluya entrenamiento como parte de su desarrollo. Una persona aprende a ser facilitador pastoral al mismo tiempo que sigue siendo miembro de un grupo. Uno aprende a formar líderes pastorales para las comunidades pequeñas siguiendo los pasos básicos de este plan. Mientras los sigue, uno va aprendiendo a pastorear de una manera diferente.

Muchas personas pastoralmente activas no tienen tiempo de leer mucho sobre la teoría. Este proceso, basado en la experiencia, sigue cinco o seis puntos sencillos. Nos formamos mientras lo hacemos.

¿Por qué no he cambiado la estructura de mi parroquia en grupos pequeños? El año pasado en cuaresma muchos grupos se juntaron para compartir su fe usando las lecturas dominicales. Usaron preguntas que enfocaron en sus experiencias y rezaron. Pero cuando terminó la cuaresma, también terminaron los grupos. Regresamos a lo de siempre—los deberes diarios y el hecho de que es más fácil vivir por el momento. Pero fue un principio. La parroquia se acostumbró a compartir en grupos pequeños.

¿Vamos a tener grupos pequeños en toda la parroquia? Estoy a favor de eso. Esta vez he comenzado de otra manera. Mi equipo y yo hemos comenzado a juntarnos cada semana usando el plan original de VEN ASI COMO TU ERES. Después de dos sesiones, nos estamos contando algo personal unos a otros.

Así que yo estoy a favor de esto, pero me conozco a mí mismo, y sé cómo un párroco puede perderse en los asuntos de la parroquia. Quizá el personal se convencerá lo suficiente con VEN ASI COMO TU ERES para seguir adelante. Para nosotros, todos tendremos que ayudarnos unos a otros a no perdernos entre todas las cosas que ocurren aquí y a enfocarnos en la meta principal de reestructurarnos en pequeñas comunidades eclesiales.

Completen estas frases:

> *Los mejores recursos de nuestra parroquia para comenzar el nuevo plan de reestructurarse son...*

> *Los mejores recursos que tengo yo para comenzar con este plan son...*

> *Los mayores desafíos con los que tenemos que enfrentarnos antes de comenzar este plan en nuestra parroquia son...*

> *Los mayores desafíos que tengo que enfrentar dentro de mí mismo antes de comenzar este plan son...*

> *¿A quién le pediría Ud. que le ayudara a comenzar?*

> *¿Porqué no comienza?*

Influenciar toda la parroquia con la visión

Una vez que se haya aceptado el plan de las pequeñas comunidades como meta parroquial, eso tiene que influir sobre todo lo que pasa en la parroquia. Los que todavía no están en grupos pequeños pueden comenzar a apreciar la vida de la iglesia pequeña en cada grupo de la parroquia, incluso el comité de finanzas y los coros.

La pregunta consistente tiene que ser: ¿Cómo pueden ayudarse estas personas aquí y ahora a conectar sus experiencias de la vida diaria con su fe? Los parroquianos y los líderes pastorales poco a poco a hacer el trabajo regular de la parroquia en una manera diferente al evaluar continuamente su participación a la luz de comenzaran experimentar lo que significa ser iglesia.

Aquí hay algunos ejemplos procedentes de St. Elizabeth:

• En las reuniones, siempre tomamos tiempo para que la gente se conozca y se presente cada uno.

• En cada junta del Consejo Pastoral, compartimos nuestra fe, enfocándonos en una pregunta basada en la Sagrada Escritura. Hay tiempo de reflexión, de compartir en grupos pequeños, de compartir en el grupo grande y de orar (20 a 30 minutos en total).

• En las reuniones de los varios ministros hay preguntas de enfoque para compartir, por ejemplo, "¿Puedes decirnos una manera en que ser lector ha afectado tu fe?"

• En una práctica para una boda, todos formaron un círculo alrededor de los novios y pidieron en voz alta lo que pensaron que la pareja necesitaba de Dios en su matrimonio. Terminaron con un Padre Nuestro, dándose todos la mano.

• Durante los bautizos, los participantes escribieron y compartieron sus oraciones de esta forma: "Hoy en el día de tu bautismo, mi oración por tí es que..."

Etc.

La meta de la Pequeña comunidad eclesial - pertenecer, compartir su fe y orar juntos - puede y debe realizarse a cierto punto en toda reunión parroquial.

Un liderazgo consistente

Se necesitan líderes que sean consistentes en hablar de su visión de las pequeñas comunidades eclesiales. Tienen que expresarse claramente, y tomar constantemente la oportunidad de enseñar la dirección en que se debe ir. Hay desafíos especiales para los líderes:

Para el personal de la parroquia: Relacionar cada actividad a la meta de tener comunidades pequeñas; seguir clarificando el plan unos con otros; dar ejemplo de la experiencia básica de ser iglesia por medio de compartir su fe y rezar juntos con regularidad.

Para el consejo pastoral: Presentar claramente las metas y los objetivos de la parroquia. Si sólo se presenta el programa como un proyecto entre muchos, ya no es la prioridad. Tienen que decir claramente que esta nueva reestructuración es el enfoque de la parroquia, o que es la manera en que se puede cumplir mejor las otras metas de la parroquia.

Por ejemplo, si una meta es la plena y activa participación en la liturgia, es por medio del desarrollo de las pequeñas comunidades que se llega a eso. Ayuda a las personas a ponerse en contacto unas con otras, y lleva a una mayor reverencia porque los miembros de las pequeñas comunidades eclesiales se profundizan en su consciencia de la presencia de Dios en la vida diaria. Además, por medio de compartir sobre las lecturas dominicales en grupos pequeños, la Biblia también se hace parte de la persona.

Para todos los líderes: Para ser un líder consistente, uno tiene que ser consistente consigo mismo. Hay que tomar el tiempo de reflexionar sobre los eventos de la vida y la presencia del Señor en ellos. Hay que buscar la mejor manera de compartir su propia experiencia de fe con otras personas o en un grupo pequeño.

* *Tiene Ud. una meta clara y específica para dar dirección a su vida? ¿A su ministerio?*

* *¿Ve Ud. la necesidad de desarrollar su consistencia? ¿Cúal sería un sólo paso específico que podría timor? ¿Puede compartir eso con alguien?*

* *En vista de su papel en la parroquia ahora, ¿qué clase de liderazgo consistente puede Ud. tomar para promover este plan?*

* *¿Qué tan reflexivo es Ud.? ¿Con quién comparte—o puede compartir—la jornada de su vida?*

Desde los grupos pequeños hacia las iglesias de base

*U*n grupo pequeño necesita tiempo para convertirse en una iglesia. Los próximos tres capítulos explican este proceso de tres fases. Aquí hablaremos de las fases primera y segunda.

Los grupos: Como comenzar

El tamaño ideal de un grupo pequeño es de 8 a 12 personas. Con menos, es difícil sostener buenos patrones de interacción; con más, los miembros empiezan a sentir que no importa mucho si faltan a los encuentros. Además, una casa no puede acomodar más que este número de personas.

¿A quiénes debemos juntar en un grupo?

Vamos a decir lo que no deben hacer. No deben hacer los grupos por vecindario, edad, o intereses en común. Siempre es mejor tener una diversidad. A veces, eso no es posible, por ejemplo si hay que formar un grupo dentro de una residencia de jubilados, donde sería difícil incluir a otras personas. Normalmente, se quiere tener un grupo representativo de la Iglesia en grande.

Si va toda la gente de un vecindario, ya se conocen y traen las amistades y los conflictos al grupo. Las otras personas se pueden sentir obligadas a participar en los grupos, y si no pueden hacerlo, se sienten abandonadas.

Tampoco es aconsejable formar grupos de amigos ni de gente que tiene algo en común, como intereses, edad o sexo. ¿Porqué no? Porque la Iglesia no es formada así. Los grupos tienen que reflejar la diversidad de la Iglesia.

Es mejor simplemente pedir que cada persona (o pareja) se apunte para una hora y un día (o una tarde) que le convenga. Hay algunas consideraciones: 1) En el caso de "minorías" (y lo que es una "minoría" puede variar según el grupo: solteros, parejas, hombres o mujeres, inmigrantes, ancianos, etc.), siempre tratamos de incluir por lo menos dos en el mismo grupo. 2) También tratamos de poner a una persona con posibilidades de ser un facilitador pastoral en cada grupo. 3) Tratamos de poner una buena mezcolanza de personas y personalidades en cada grupo.

El equipo central, el personal de la parroquia, o algunas personas que conocen a muchos de los fieles pueden ayudar en la formación de los grupos. No es necesario que la gente se conozca de antemano.

Motivar a los fieles

Pocas personas responderían a un anuncio general. Muchos no han orado espontáneamente y el "compartir su fe" les puede parecer muy religioso. La mejor manera de comenzar es ofrecerles la oportunidad de participar por un tiempo limitado. Necesitan tomar un paso—y una fase—a la vez. Al final de cada fase, los miembros pueden decidir si quieran seguir o no. Esperamos que el grupo forme un conjunto, y los participantes quieran continuar con el paso siguiente.

Es importante que el personal de la parroquia esté atento y que los fieles estén abiertos, y que haya un ambiente espiritual. La mejor manera de animar a una persona a que participe es la invitación personal. Las personas que han participado en el programa pueden llamar a otras personas e invitarlas a probar una primera experiencia. Tambien pueden dar testimonios de los beneficios personales en todas las misas dominicales en algun fin de semana designado para reclutar más gente.

Hay varios formatos en la primer fase que se pueden usar. Hasta puede ser un fin de semana como en alguna Renovación Parroquial. Los participantes en RICA podrían continuar como grupo. No es necesario usar siempre el mismo formato.

Primera fase: Enfocar en pertenecer al grupo

La primera experiencia trata de poner a las personas cómodas, unas con otras. La meta es que todos se sientan incluidos en el grupo, es decir, que todos sepan que los otros miembros quieren conocerlos mejor, y que los extrañarán si faltan.

Puede haber un obstáculo en un sentido falso de ser "religioso." Normalmente, no habrán tenido la experiencia de Dios de una manera muy dramática. Necesitan saber que sólo tienen que ser como son naturalmente y apreciarse unos a otros. Entonces, sólo tienes que ser lo que eres. Puedes hablar mucho o casi nada, por lo menos al principio. Lo único necesario es estar dispuesto a escuchar a las otras personas.

La idea aquí es que Dios habla por medio de todos y por las experiencias de sus vidas diarias. La religión verdadera comienza cuando cada persona aprecia la vida que tiene, aun con todos sus defectos, porque el Señor se comunica por medio de esa vida.

La experiencia inicial tiene que crear un ambiente de confianza, sinceridad y libertad. Entonces, el programa que se use tiene que mantener al grupo enfocado en la vida y en las experiencias de la vida y no permitir que se vuelva en un grupo de estudio o un programa de teología.

¿Qué Formato?

Hay muchos formatos. En la primera fase, es importante tener encuentros semanales. Si pasa mucho tiempo entre los encuentros, es difícil llegar al nivel necesario de confianza y atención. Es más probable que la gente salga del programa durante el primer año, así que es importante que haya encuentros con frecuencia.

Dentro de los grupos, los miembros no tienen que estar de acuerdo, pero sí necesitan aprender a escuchar. El grupo habla de asuntos que tienen que ver con la experiencia vivida: prioridades, afirmación de sí mismo y de otras personas, vivir en el presente, etc. La comunidad pequeña es para que todos se sientan como una parte activa y para que todos puedan ser importantes dentro de un grupo específico de personas.

Altamente recomendado para esta primer fase es un programa publicado por la Imprenta de la Basílica del Santuario Nacional de Nuestra Señora de San Juan del Valle que se llama, VEN ASI COMO TU ERES.

Segunda fase: Orar solos y juntos

En la primer fase los miembros empiezan a pertenecerse unos a otros. También empiezan a hacer caso a su propia experiencia y a sentirse cómodos compartiendo esa experiencia con otros. Fijarse en la vida, sin necesariamente hablar de Dios, es un paso grande para muchos. Nuestra cultura (en los Estados Unidos) no nos anima a que reflexionemos.

La segunda experiencia del grupo se edifica sobre lo que se ha ganado en la primera fase, pero se hace más abiertamente religiosa y se enfoca en la oración individual y en comunidad. La oración, recordamos, es "el arte de escuchar y responder a Dios que se revela de momento a momento" (Vincent Dwyer, Génesis II).

El aprender a escuchar y responder a Dios es fundamental para las pequeñas comunidades eclesiales. La meta de la segunda fase es ayudar a un grupo de personas que ya se fían unas de otras a reflexionar más profundamente sobre sus vidas por medio de orar individualmente y en conjunto.

En St. Elizabeth Seton formamos un módulo de 11 sesiones sobre la oración, que llamamos *Orando solos y juntos* (St. Anthony Messenger Press). Se puede hacer un compromiso de juntarse cada semana durante 11 semanas, o cada quince días durante unos cinco meses. Cada grupo decidió lo que quiso hacer. Pero no recomendamos más de quince días entre los encuentros.

En las primeras sesiones, se practica el escuchar y responder a Dios por medio de ejercicios de escuchar, orar con la imaginación, escuchar a la Sagrada Escritura, y revisar un solo día de la vida de uno.

Muchos católicos no se sienten cómodos al orar en voz alta usando sus propias palabras. Por eso, al principio la oración en grupo puede ser un tiempo de silencio. Es importante sentirse cómodo con el silencio. Hay otros ejercicios que facilitan la oración con otros, como pedir que cada participante dé gracias a Dios por un don o que pida por una necesidad o una persona.

Comenzando con la cuarta sesión, se pide que los participantes pasen 10 minutos cada día en alguna reflexión u oración individual. Poco a poco la gente crece en su oración y está más a gusto. La oración no debe ser hablar mucho. Puede ser simplemente el estar disponible para escuchar al Señor. Ya que no es natural para muchos escuchar y orar bien, el grupo puede ser un gran apoyo.

Otro programa más sencillo que Orando solos y juntos que se pueda usar con esta segunda fase acerca de la oración es Un retiro ignaciano: Meditaciones para andar por casa: con un plan de doce semanas para la oración en grupos. Vea la bibliografía, Apéndice F. La segunda fase ayuda a los miembros a 1) reconocer que Dios se comunica con ellos a través de sus experiencias; 2) comenzar a hablar de Dios de una manera personal; y 3) orar dentro de un grupo.

El enlace pastoral

Hay que decir algo sobre los facilitadores pastorales, lo que son, su selección y el entrenamiento que deben recibir. Estas personas son el puente entre la iglesia de base y la parroquia e iglesia universal. Hablaremos de ellos en el capítulo siguiente.

UNA HISTORIA

Lo siguiente es la historia de Carlos. También es la historia del desarrollo de una Pequeña comunidad eclesial.

Carlos tiene unos 30 años. Como muchos de los inmigrantes de Europa, es muy trabajador y luchó mucho con la lengua y costumbres en este país. Se casó con una mujer católica y empezó a criar su familia. María, su esposa, se encargó de los asuntos religiosos, mientras él trabajaba muchas horas seis o siete días a la semana.

Participó en el programa Génesis II sólo por dar gusto a su mujer. Siempre sincero, Carlos decía lo que pensaba, hablaba de su crianza atea, y fue aceptado. Después de 18 sesiones, cada persona del grupo dió un resumen de lo que había significado la experiencia para él o ella personalmente. Carlos comentó, "Me sorprendió ser aceptado con estas personas. Me escucharon, y nadie se rió."

Carlos siguió con el grupo pequeño en la fase sobre la oración; pasó otro año. Lentamente, Carlos vino a aceptar que Dios podría tener interés en él. Por medio de los encuentros regulares con los miembros de su comunidad pequeña y el ambiente dentro del que se compartían su fe, tuvo la oportunidad de considerar la posibilidad de la existencia de Dios.

Carlos entró en la iglesia grande por la puerta de la iglesia pequeña. Ahora él es un catecúmeno, con el apoyo de su comunidad pequeña. Un miembro de su PCE lo acompaña a cada encuentro de RICA.

Es improbable que Carlos hubiera encontrado el camino hacia la Iglesia sin el grupo pequeño. Por lo menos, así piensan Carlos y María.

Pastorear a los 'pastores'

*L*a Pequeña comunidad eclesial es realmente una iglesia. Por eso necesita de un pastor. El término que usamos es "facilitador pastoral" y puede ser una pareja, especialmente cuando el grupo tiene muchas parejas. Aquí la palabra "facilitador" quiere decir estar al servicio de las otras personas, ayudándoles a relacionarse unas con otras y encaminar al grupo en sus propósitos. Lo importante es que el Espíritu Santo habla dentro de cada persona y por cada persona para las otras. El facilitador pastoral no tiene que ser la persona más sabia, o santa, o que mejor se expresa.

El no debe ser el experto—no tiene que ser la persona a quien se dirigen los otros miembros, la persona que aprueba. El facilitador pastoral no soluciona los problemas, no es consejero, ni maestro. El facilitador pastoral asegura que haya un ambiente donde todos pueden contribuir y donde cada persona tiene la responsabilidad por las otras.

El "facilitador" es quien extrae lo mejor que ya está presente en las personas por medio de un proceso de interacción. La palabra "pastoral" se refiere a la unión de esta pequeña iglesa con la parroquia más grande. Los miembros pueden tomar turnos para ser facilitador de un encuentro, pero el eslabón pastoral a la parroquia siempre es la misma persona o pareja.

El pastor de la pequeña comunidad eclesial hace lo que hace el párroco o el obispo: permitir que cada persona ofrezca sus dones al grupo entero; tener presente siempre la visión de la iglesia; ayudar a los miembros de la iglesia a escucharse; hacer una unión de este nivel de iglesia con los otros niveles (vea la gráfica en la página 12).

Soy maestra, y llevo menos de dos años como FP. Lo más difícil son las cosas que no se deben hacer: no predicar, no enseñar, no controlar. Ser facilitador es como guiar una canoa. Una vez estuve en una canoa, y descubrí muy pronto que si das la vuelta demasiado rápido, te pegas contra la orilla. Me pegaba muchas veces contra las orillas antes de aprender que había de guiar suavemente.

Ser facilitador funciona de la misma manera. Nuestra canoa se compone de los muchos años de enseñanzas católicas y las experiencias de cada miembro. Cada persona tiene que remar por sí misma. A veces nuestras conversaciones nos llevan hacia una orilla u otra; a veces alguien rema muy fuerte o alguien no rema casi. El trabajo del líder es guiar suavemente, volviéndonos al asunto y asegurando que todos tengan la oportunidad de compartir sus pensamientos e ideas. Nunca es su deber apoderarse de la canoa para ponerle motor.

En contraste con la canoa—donde nunca tuve éxito—pienso que todos pueden aprender a ser facilitadores. Sólo hace falta confiar en Dios y orar. El hará lo demás.

Mantener a los facilitadores pastorales como prioridad predominante

El compromiso, o la falta de compromiso, al plan parroquial de reestructurar la parroquia en pequeñas comunidades se ve en la atención, tiempo y fuerzas que se dedican a los líderes pastorales. Se sabe que la nueva estructura realmente es la prioridad de la parroquia cuando la selección, primer entrenamiento y formación continua son la prioridad del personal de la parroquia.

Al entrar más en el proceso, el párroco y el personal tienen que dedicar más tiempo a los FPs. Cada comunidad nueva necesitará un FP, y cada FP necesita el tiempo y la atención del personal. Por eso, es necesario comenzar pocos grupos cada vez.

¿De cuánto tiempo hablamos? El primer entrenamiento consiste en seis sesiones. El apoyo y la formación contínua incluyen encuentros mensuales para grupos pequeños de FPs con el personal pastoral—y un retiro anual. Además, alguien del personal pastoral tiene que estar a la disposición de los FPs para atenderles individualmente y dar consejos.

Los líderes son pastores de la iglesia juntamente con el párroco, pero su desarrollo en llegar a ser buenos FPs es un proceso lento. Siempre les sorprende cuando se les dice que ser FP debe ser su única actividad dentro de la iglesia.

Durante muchos meses, por lo menos dos años o más, los líderes oían, pero no entendían estas palabras: "Su grupo pequeño realmente es la iglesia." y "Tu eres pastor de una iglesia pequeña." La mayoría de católicos no hemos experimentado la Iglesia a este nivel básico.

El cuidado y la comunidad que tiene el obispo con sus sacerdotes es el modelo del párroco y del personal de la parroquia para con los FPs. Tienen que compartir una visión y llegar a experimentar una estrecha unión. No puede basarse sólo en las palabras. Si el párroco no puede estar presente en todas las reuniones, tiene que hacer sentir su presencia y apoyo de otra manera.

Después del primer año, las reuniones de los FPs sólo exigen que el párroco esté presente con ellos y para ellos, que comparta su fe o falta de fe, y que invite a estos ayudantes pastorales a rezar por y con el personal pastoral.

Una palabra a los sacerdotes

Las fuerzas y el entusiasmo que salen de las PCEs sirven también para animar, y apoyar al parroco. Ahora usted no está solo como pastor. Los FPs entienden cómo usted se siente y conocen bien los desafíos de ser el pastor del vebaño. Es imporante tener una meta clara—eso da más fuerzas. El compartir de la vida y la experiencia de Dios en la vida diaria da mucho aliento. También es muy animador cuando uno está privilegiado a oir las historias de fe de otros en las reuniones de los FPs.

La comunidad de la iglesia puede ser fuente de energía para los sacerdotes y el personal de la parroquia. Estas personas pueden sentirse más como parte de la iglesia y recibir apoyo en vez de sólo darlo.

Muchos sacerdotes, quizá la mayoría, tienen dificultad en compartir sus experiencias de fe y sus vidas con otras personas, aún con otros sacerdotes y seguramente con laicos. Es útil saber que sus colegas tienen la misma lucha.

- ¿Quién lo anima y le da fuerzas?
- ¿Quién sabe su historia dentro de la parroquia y fuera de ella? ¿Quién podría saberla?
- ¿Quién lo ayuda a ser pastor? ¿Con quién podría compartir este trabajo?

Seleccionar a los facilitadores pastorales

Quizá sería posible seleccionar a los facilitadores pastorales antes de formar los grupos, entrenarlos y darles un grupo. Pero no es una buena idea. Es mejor que participen en un grupo primero y así el entrenamiento puede incluir la experiencia ya de haber sido miembro de un grupo pequeño.

¿Cuando se debe identificar a un FP para que reciba entrenamiento? ¿Quién debe ser? ¿Cómo se hace?

¿Cuándo? Hay ventajas en dejar que un grupo comience sin tener líder oficial. Pueden ser líder por turno. Sin embargo, es una buena idea incluir en cada grupo a una persona con la idea de que podría llegar a ser su líder. Mientras tanto, esta persona puede ser líder de la primera sesión, arreglar los encuentros en casa de los miembros, llamar a los ausentes, y comunicarse con el personal parroquial. El entrenamiento oficial no comienza hasta que la primera fase esté bien encaminada.

¿Cómo? Hay varias maneras de acercarse al proceso. El grupo podría seleccionar el líder, pero el párroco probablemente querrá tener alguna influencia en eso. Es importante esperar, porque la persona que mejor se expresa o la más encantadora del grupo no es siempre el mejor líder, y una vez que llegue a ser líder, es difícil cambiar.

Los FPs tienen una relación especial con el párroco y el personal de la parroquia. Su control y influencia llegan a los grupos por medio de los FPs. Si el párroco y el personal van a compartir su labor pastoral, tiene que ser con personas en las que confian y con las que pueden trabajar. No tienen que ser amigos, pero sí tienen que poder trabajar juntos. Es importante ir lentamente en la selección de FPs, con la ayuda del equipo central y de otras personas que conocen bien la parroquia.

Tambien es buena idea darles un término de dos o tres años, por si acaso. Si el párroco y el personal no conocen a los fieles es mejor esperar antes de seleccionar los FPs. La iglesia merece buenos pastores, y en el pasado ha sufrido en todos sus niveles por la mala selección de pastores.

¿Quien? ¿Cuales son las cualidades de un buen líder pastoral? Aqui hay una lista parcial.

- *Siente un amor y preocupación por la iglesia en todos sus niveles*

- *Tiene una habilidad de poner a la gente cómoda*

- *Tiene un sentido personal de Dios*

- *Escucha bien*

- *Tiene la habilidad de apoyar a otras personas*

- *Está libre de conflictos parroquiales*

- *Sabe aceptar responsabilidad y cumple con sus compromisos*

- *Está abierto a los cambios*

- *Tiene un buen amor propio (no quiere como FP a la persona que necesite atención, que tenga que estar en medio, que no trabaje bien en otros aspectos de su vida, que no esté contento en casa)*

UNA HISTORIA

Soy un contador de 40 años, casado y padre de tres hijos. Me gusta tener claras las ganancias y las deudas, y estaría más feliz si el mundo fuera más como mi trabajo—todo en blanco y negro.

Llevo casi tres años como facilitador pastoral. Mi esposa prefiere no compartir el liderazgo conmigo, pero si asiste a los encuentros del grupo.

Soy católico, y no me gustan los constantes desafíos, pero sé que Jesús lo quiere así. La PCE es una oportunidad de compartir mi fe como adulto. Mis dudas y temores no son únicos, lo cual me da fuerzas para seguir esforzándo en relacionarme con Jesús. El ser líder pastoral estos tres años me ha ayudado a desarrollar mi fe y aprender a confiar en Dios y en las otras personas. Esta clase de confianza y reflexión no se encuentran en mi lugar de trabajo, pero estoy creciendo a mi propio ritmo y como puedo.

 • *¿Cuáles son los fieles que Ud. podría nombrar ahora mismo como posibles facilitadores pastorales? ¿Por qué?*

La formación de los FPs

Una vez que se hayan seleccionado los FPs, se les pide seis tardes de su tiempo para aprender el proceso de llegar a ser FP. No se les pide más. Al final de las seis sesiones, pueden aceptar o no el compromiso de ser FP por unos dos o tres años.

En estas seis tardes, los posibles FPs llegan a conocerse unos a otros, empiezan a formar comunidad, experimentar la oración con reflexión y entender mejor la Iglesia. Los nuevos FPs pasan una noche de retiro juntos. Tienen una junta mensual. Cada año, tienen un nuevo retiro, siempre con el mismo grupo de FPs.

Este grupo de 8 a 12 FPs de las primeras sesiones se queda unido como grupo. Entonces, además de ser miembros de sus comunidades pequeñas, forman una comunidad de FPs. Se desarrollan como una comunidad de base y con el personal de la parroquia. Sería más eficiente hacer un solo grupo grande, pero no se lo puede hacer así. Los pastores necesitan ser oídos y conocidos como individuos.

El encuentro mensual es un compromiso muy importante para los FPs, incluso si quiere decir que hay que suprimir un encuentro de su PCE. Es la única oportunidad de fortalecerles y darles formación.

El encuentro mensual tiene dos partes: 1) modelo de la junta de la PCE donde comparten sus experiencias de fe y oran juntos; 2) una práctica y conversación sobre cada PCE, siempre respetando lo que se ha compartido en confianza. (No se habla de los nombres ni identidades de los miembros de las pequeñas comunidades fuera de esas comunidades.)

Los FPs se ayudan mutuamente. Se entienden y pueden compartir los éxitos y fracasos. Es la oportunidad principal para su desarrollo pastoral.

En resumen

Muchas clases de personas, de muchas profesiones y personalidades pueden ser facilitadores pastorales.

U N A   H I S T O R I A

Tengo 55 años y soy FP en un grupo con parejas más jóvenes. Por medio de la PCE descubrí que tengo que compartir mi fe para que crezca. Al aprender a compartir mis creencias, he descubierto que ellas son más fuertes y me importan más—no sólo lo fácil y lo que me gusta, sino también lo que me disgusta y es difícil.

Todos hemos crecido en fe, y me gusta ver a las personas crecer en su fe y confianza en Dios y en las relaciones cercanas que se han cultivado entre nosotros.

La PCE donde soy líder pastoral se me ha hecho como familia. Debido a nuestro escuchar y compartir, nos hemos dado cuenta de que somos parte de la Iglesia entera. Somos miembros del mismo cuerpo, el Cuerpo de Cristo. No somos solamente grupo, ni conjunto de personas diferentes; nos encontramos unidos como iglesia.

Una advertencia

Ya que los FPs necesitan tanto tiempo y atención del párroco y del personal, algunos feligreses pueden pensar que son personas especiales, preferidas. Una parte de la solución es que cada FP ayude a su grupo a expresar la identidad de su comunidad pequeña como iglesia. La realidad es su comunidad; los facilitadores pastorales sólo existen para ayudar a esa comunidad a desarollarse.

•¿Cuáles son las cualidades pastorales que Dios ha otorgado

*al párroco y al equipo pastoral de su parroquia—
individualmente o en conjunto?*

*•¿Cuáles son una o dos cualidades que Ud. necesita (o ellos
necesitan) desarrollar?*

*•¿Cuál podría ser el primer paso que Ud. necesita (ellos
necesitan) dar para desarrollar esta cualidad?*

Ser iglesia a largo plazo

*N*o hay ninguna progresión sencilla de la primer fase a la tercer fase. Cada fase continúa y se profundiza aun cuando el grupo ha pasado a otra fase.

Tercera fase: Reclamar la historia de la iglesia

Aqui el grupo se hace iglesia al nivel más pequeño. Comienza a usar el evangelio dominical como punto de partida para reflexionar sobre la vida y compartir su fe. Se puede también hacer unos estudios juntos sobre algunas de las Sagradas Escrituras, las doctrinas básicas del Credo, los sacramentos, las encíclicas de la Iglesia tocante la justicia social, y la misma historia de la Iglesia. La idea es ser fiel a la experiencia de Iglesia que encontramos en el Nuevo Testamento y en toda su historia.

El formato en esta tercer fase gira alrededor de tres o cuatro preguntas claves, relacionadas con la experiencia. Hay tres o cuatro para asegurar que cada persona encontrara algo en que enfocarse y podrá escoger.

Las preguntas se relacionan con la experiencia y son personales. No son meramente preguntas teológicas o académicas. Sin embargo, un breve comentario sobre el pasaje del evangelio se provee para ayudar a entenderlo correctamente.

Las preguntas son abiertas y hay muchas maneras de contestarlas. Nunca son de sí o no. Más adelante hay unos ejemplos. Sirven para conectar el evangelio dominical con la experiencia de uno.

Unas preguntas de enfoque (Como patrones o muestras)

SAGRADA ESCRITURA:

Juan 20:19-23

(Jesús se aparece a los discípulos en un cuarto cerrado después de la resurrección.)

Hable de las maneras en que la paz de Cristo se reconoce como don en su vida.

¿Qué importancia tiene? ¿Qué importancia querría Ud. que tuviera?

¿Cuáles son algunas de las "puertas cerradas"—o barricadas—en su vida que le bloquean el desarrollo de una relación íntima con Cristo? ¿Cómo puede Ud. cambiar?

Lucas 9:10-17

(los panes y pescados)

¿A quién ha puesto Dios en la vida de Ud. para que le alimente?

¿Cómo le ha alimentado Dios a Ud. durante el último año? El mes pasado?

¿Qué hay dentro de Ud. que todavía no está completo y que puede llenar solo Dios?

¿Cuáles son las hambres de nuestro mundo? ¿Cómo le afectan a usted estas hambres?

Crear buenas preguntas de enfoque

Es importante tener buenas preguntas de enfoque. ¿Cómo se encuentran? Al principio, en nuestra parroquia, alguien del conjunto pastoral de la parroquia hacía un pequeño comentario sobre el evangelio del domingo siguiente con dos o tres preguntas de enfoque sobre la experiencia de la vida en relación con el evangelio. Todos los grupos usaban esas preguntas. Después de un año más o menos, los FPs comenzaron a escribir las preguntas y criticarlas juntos con la ayuda del personal parroquial. Entonces, después de haber escrito las preguntas, los FPs escogerían por lo menos dos de las preguntas. Después de 10 minutos de reflexionar sobre ellas en silencio, se dividían en grupos de tres, compartían y volvían al grupo grande para compartir más o a rezar. Eso ocupaba no más que la mitad del encuentro mensual de los FPs.

Las preguntas que se dieron arriba fueron escritas por FPs con tres años de experiencia. Vea Ud. como son preguntas abiertas pero profundas. Son sencillas—reflejan la experiencia de la vida diaria que es fácil pasar por alto.

Las preguntas hechas por los FPs eran mejores que las del personal pastoral porque se acercaban más a la vida de los participantes. En la lectura de la higuera que no daba fruto (Lucas 13:6-9), una de las preguntas era: "¿Puede usted recordar un momento cuando Dios le ha dado una segunda oportunidad?"

Un excelente recurso que da un breve comentario del evangelio dominical y estimulantes preguntas de enfoque para la reflexión y discusión en grupitos es Compartiendo la Fe para las Pequeñas comunidades eclesiales: Preguntas y comentarios sobre las lecturas del domingo (Ciclo A, Ciclo B y Ciclo C). St. Anthony Messenger Press.

Normas para crear buenas preguntas de enfoque

1. Orar con la lectura de las Sagrados Escrituras antes de comenzar a desarrollar las preguntas. Dejar tiempo para que obre el Espíritu.

2. Hacer preguntas abiertas. Evitar las preguntas que
   - se puedan contestar sí o no
   - ya tengan una respuesta fija
   - tengan respuestas correctas o incorrectas.

3. Evitar las preguntas sobre los hechos. ("¿Qué quiere decir...?" es una pregunta de "hechos.") Enfocarse en recordar las experiencias de fe de los miembros del grupo.

4. Hacer preguntas breves y sencillas.

5. Evitar las preguntas con palabras "religiosas".

6. Evitar los superlativos (más, más importante, abrumador) y los absolutos (nada, todo). Esta clase de palabras puede hacer pensar a los participantes que sus experiencias son ordinarias y no vale la pena hablar de ellas.

7. Preparar varias preguntas. Algunas personas van a poder relacionarse con la segunda o tercer pregunta más fácilmente que con la primera. Eso les permite a todos compartir más.

8. Comenzar las preguntas bien: Invitar a que participen con, "Le gustaría contarnos una experiencia sobre..." Es mejor que ordenar, "Háblenos sobre..."
   "En su experiencia personal" es una buena manera de comenzar.

9. Tener cuidado con algunas formas de comenzar una pregunta: "¿Es cierto que...?" siempre requiere una respuesta de sí o no. "¿Qué significa...?" siempre indica una pregunta de información.

Normas para usar las preguntas de enfoque

1. Dejar tiempo para reflexionar en silencio antes de compartir.

2. Crear un ambiente en donde todos se sienten libres para compartir en cualquier nivel que quieran.

3. Separarse en grupos pequeños de tres o cuatro para discutir.

4. Siempre dar la oportunidad de responder a más de una pregunta. Así querrán participar más personas.

5. Seguir después de las discusiones en los grupos pequeños con la oportunidad de compartir dentro del grupo entero. Presentar al grupo grande preguntas como:
   ¿De qué me doy cuenta ahora como resultado de lo que se compartió en el grupo pequeño?
   ¿Cómo he crecido por haber compartido?
   ¿Hay algo que puedo hacer con lo que he aprendido en este encuentro? ¿Qué diferencia hará esto cuando regreso a mi familia? ¿A mi trabajo? ¿En cómo voto? ¿En mi preocupación por los pobres?

6. Recordarles a los participantes que nunca deben de contar al grupo grande lo que otra persona ha contribuido en el grupo pequeño.

7. Animar a los participantes a que sigan reflexionando sobre las preguntas de enfoque después del encuentro.

Hacerse aún más pequeño

La actividad de compartir su fe en la tercera fase es mejor en grupos de tres o cuatro, así que cada PCE se tiene que dividir en dos o tres grupos. Así la gente puede decir cosas que no dirían en el grupo de 8 o 12, y en general, podrán compartir en un nivel más abierto. Además, las personas que no hablan mucho en el grupo tendrán la oportunidad de hablar más ahora, y será más fácil para las personas que hablan mucho darles una oportunidad a las otras personas.

Nombrar la experiencia, evaluar el progreso

Después de varios meses, los miembros deben comenzar a ver que el grupo pequeño es la iglesia en otro nivel. Los miembros necesitan oír con frecuencia que se reunen no sólo para el enriquecimiento espiritual o apoyo personal, sino también para formar iglesia.

Sería bueno que cada miembro leyera este libro, *Creando Pequeñas Comunidades Eclesiales*, pero sólo cuando el grupo esté muy cómodo en la tercera fase. Pueden discutir sobre el libro capítulo por capítulo.

Si se hace un compromiso entre los miembros al principio, será más fácil hacer una evaluación, clarificando lo que se espera del grupo y del individuo (hay una muestra en el Apéndice B). Incluye cosas como escuchar y respetar a las otras personas, ser sincero, asistir a las reuniones y seguir fielmente el propósito del grupo.

Hay que hacer una evaluación con regularidad y hay que ser sinceros—es importante para el futuro del grupo. Puede ser muy difícil tratar con la crítica negativa, así que las evaluaciones regulares son importantes porque ofrecen la evaluación como proceso natural y no sólo para tratar de problemas. Hay formatos en el Apéndice B. Los FPs ya tienen un ejemplo de esto, porque lo hacen en sus juntas mensuales tambien.

El formato de dos horas para la pequeña comunidad eclesial

Hay que asegurar que cada participante tome tiempo aparte para reflexionar y orar entre los encuentros. Es aconsejable y provechoso tener algún tiempo al principio del encuentro de la PCE para que se formen grupos de dos personas para hablar de lo que está pasando en sus vidas y sobre como están experimentando la oración personal.

Otro ingrediente de la PCE es el estudio. Podría incluir materiales sobre la Iglesia, la Carta pastoral de los obispos sobre la economía, etc. El estudio viene solamente después de que el compartir la fe esté bien establecido y este nunca debe dominar el tiempo del encuentro.

La próxima sección del libro trata del servicio. Entonces, un encuentro de hora y media o dos horas tendría el formato que sigue. (Ver también al 'Modelo de dos horas para una reunión de pequeñas comunidades eclesiales' en Apéndice D.)

I. Reunirse. Acomodarse. Prepararse.

Oración o canto para comenzar

II. Compartir en pares (5 a 10 minutos)

Compartir con su compañerola sobre lo que está pasando en sus vidas y como están experimentando la oración personal.

III. Conexión de Vida con Fe (50-70 minutos)

A. Escuchar el Evangelio del domingo siguiente. Cada miembro recibe una copia de la lectura, un comentario breve y sencillo, y dos o tres preguntas de enfoque. 10 minutos para reflexionar en silencio.

B. Formar grupitos de tres (o cuatro, máximo), contando uno-dos-tres-uno-dos-tres para variar los participantes en cada grupito y dándoles 15 a 20 minutos para compartir. Los grupitos se retiran a distintos cuartos o partes de la casa.

C. Hablar de las mismas preguntas en el grupo completo. (20 a 30 minutos) No hablar de la experiencia de otra persona dentro del grupo grande; cada persona habla sólo de su propia experiencia. Luego el grupo se enfoca en las preguntas "¿y qué? ¿Qué diferencia hará esto en mis actitudes o acciones en mi familia, lugar de trabajo, participación política o social? ¿Qué podriamos hacer? ¿Qué puedo hacer?"

IV. Oración Compartida (15 a 25 minutos)

Es posible usar una variedad de formas. Vea las varias formas de Orando solos y juntos (Apéndice F). Ahora es el tiempo cuando la PCE escuche las necesidades particulares de los miembros.

V. Estudio/Acción. Comenzar con este libro, *Creando pequeñas comunidades eclesiales*. Entonces, continuar con otros estudios y proyectos. Estos estudios y proyectos pueden ser ocasionales.

VI. Evaluación de la junta (10 minutos).

Esto toma lugar informalmente por medio de conversación. Pero, de vez en cuando, los Apéndices A, B, y C pueden servir para ver la interacción entre los miembros.

VII. Refrescos y social al final

Tener de la mano o extender la mano

Ser "la iglesia en miniatura" es más que compartir la fe y orar con las otras personas de su grupo pequeño. Quiere decir también servicio hacia la iglesia universal y hacia el mundo. Los compromisos de Paz y Justicia no son cosas añadidas sino que forman una parte íntegra de la Iglesia en todos sus niveles. Sin los ministerios de caridad y justicia, una pequeña comunidad eclesial no es la iglesia.

El servicio, sin embargo, normalmente viene después de la unión de los miembros dentro de sus grupo y como resultado de compartir su fe y la oración. En la tercera fase, el servicio viene naturalmente. No es segundo en la importancia, sólo en el tiempo.

La razon por esperar hasta la tercera fase antes de enfatizar el servicio es porque para muchas personas es más fácil hacer algo que simplemente estar juntas. Estar ocupado y ser productivo es importante en nuestra sociedad. Nosotros los católicos a veces nos perdemos en actividades y nos falta la experiencia del Señor en nuestras vidas. El servicio es la expresión de nuestra relación con Dios y su pueblo, no es un substituto por ella.

La vida ordinaria y el cuidado diario

A veces es más fácil amar a la humanidad que a las personas con quienes estamos. Sin embargo, de las 34 PCEs en St Elizabeth hay centenares de historias de como aprendieron los participantes a amar y a cuidar a personas específicas aquí y ahora.

Me interesan especialmente las historias de las personas que no hablan mucho, en quienes nadie se fija en una parroquia, pero sí están vistos y apreciados en una comunidad más pequeña.

Una pareja que tuvo que salir de la parroquia a causa de un cambio de empleo sentía salir porque no quieran dejar su pequeña comunidad eclesial. Otra pareja muy tímida que vino de Chicago llegó a ver este nuevo lugar como su casa gracias a las ocho personas de su PCE. Un ingeniero dijo que su esposa le había obligado a asistir y que le había dicho a ella que 12 sesiones y nada más. En cinco años ya sólo faltó dos veces. Cuando no puede asistir la esposa, él va solo.

En estos testimonios se ve el amor verdadero de la iglesia. No quiere decir que hay apoyo sin ningun desafío. Pero lo fundamental es que ser importante a y amado por 8 a 12 personas le ayuda a una persona a enfrentarse con el desafío de crecer y le da el valor necesario para poder cambiar. Una comunidad invitó a un soltero introvertido de 37 años que luchaba con el cáncer a ser parte de su pequeña comunidad eclesial. Pasó sus últimos 18 meses de vida dentro de esta iglesia pequeña, incluso mientras que estaba en el hospital; y murió bien. ¿Dónde hubiera podido una persona como Ricardo encontrar una comunidad como nosotros y nosotros a un solitario como él si no fuéramos iglesia a este nivel básico?

Algunas personas—quizá muchas—se pierden en la iglesia grande. No se cuentan sus historias, y poco a poco dejan de fijarse en sus propias experiencias, que parecen no tener importancia. Sin la oportunidad de compartir sus historias, la historia de la fe de nuestra iglesia se pierde para muchos y empieza a parecer una mera teoría o una filosofía abstracta. Gracias a Dios que existe una alternativa.

Iglesia grande/Iglesia pequeña

Siempre es problemático decidir lo que pertenece a la iglesia pequeña y a la grande. Algunos sugieren que dar la bienvenida a personas nuevas en la parroquia podría ser el trabajo de un grupo pequeño. Pero el problema es que la iglesia pequeña tiene una vida propia y hay que respetarla. La parroquia puede presentar sus necesidades o sus objetivos a una PCE, pero esta tiene que decidir si aceptar o no.

La iglesia pequeña no es un sucursal de la parroquia, como la parroquia no es un sucursal de la diócesis. El servicio saldrá de la comunidad pequeña por su propia inicictiva.

Las personas sí comprenden que el amor que reciben en el grupo pequeño es el amor de la parroquia y de la Iglesia. Al experimentar estas atenciones y cuidados, ellos también llegan a hacer caso a las necesidades de la parroquia y a las otras personas. Reconocen la responsabilidad de devolver algo.

Después de los primeros dos años, nunca faltaba gente en nuestra parroquia para ayudar con los varios ministerios. Los miembros de los grupos pequeños empezaron a ponerse más conscientes de otras personas y de las necesidades de la parroquia en general.

¿No se separan estas comunidades del resto de la parroquia? No se hacen exclusivas? Es cierto que hay una unión especial entre los miembros de un grupo. Esta es la meta: que los miembros se conozcan íntimamente, que se apoyen. Pero no existe más peligro de ser exclusivos que en la iglesia a cualquier nivel. La mejor solución es que el facilitador pastoral siempre ponga la misión de la Iglesia entera delante del grupo. A veces hay que animarles a estar más abiertos—a no sentarse siempre juntos. Y, como hemos visto, se abren al servicio más allá del grupo pequeño una vez que se sienten más cómodos con su identidad como iglesia.

No es una buena idea mezclar a los grupos pequeños o cambiarlos cada rato, porque necesitan de varios años de formación para desarroller su propia personalidad y llegar a ser una verdodera comunidad eclesial.

UNA HISTORIA

He estado muy activa en la Iglesia a trovés de 20 años. Enseñé en la escuela católica y después era directora de la educación religiosa en la misma parroquia. Tenía este trabajo durante los cambios del

Vaticano II y luché como todos los católicos para entender lo que estaba pasando. Me dí cuenta de que faltaba algo en la vida de la Iglesia en las parroquias grandes. Yo sentía la necesidad de reunirme con otros católicos para descubrir cómo obra (o no obra) Dios en nuestras vidas. Necesitaba la ayuda de otros en esa búsqueda. Encontré dos otros directores de educación religiosa y dos secretarias. Comenzamos a reunirnos una vez a la semana antes del trabajo para compartir nuestra fe. Eso siguió durante dos años.

Pero la experiencia tuvo un resultado negativo para mí. Me sentía separada de los otros fieles. Mi grupo tenía un sentido de pertenecer, pero no lo compartía con otras personas. (Supongo que los carismáticos, los participantes en grupos de encuentro matrimonial y otros se sienten así también.)

Ahora soy miembro de la parroquia de St. Elizabeth Seton y estoy en una PCE. La actividad de la PCE es básicamente la misma que la del grupo en donde estuve antes. Compartimos nuestras historias de fe para ayudarnos unos a otros a descubrir y apreciar cómo actua Dios en nuestras vidas. La diferencia es que las PCEs están unidas a la parroquia por medio de los facilitadores pastorales, y la parroquia está reestructurándose en PCEs. No hay ningun sentido de separación. Hay un sentido de unidad, de pertenecer. Cuando llego para celebrar la liturgia, me siento unida al resto de la comunidad. No pertenece todo el mundo a una comunidad pequeña, pero no importa. Por medio de las PCEs me he unido a todos en Cristo.

- *¿A qué nivel de la iglesia siente usted personalmente que mejor pertenece?*

- *Si usted es facilitador pastoral, ¿qué bién conecta usted su nivel de iglesia con el próximo nivel más grande? ¿Qué le ayudaría a hacer la unión mejor?*

- *Como miembro de la parroquia, ¿hasta qué punto influye en el resto de sus relaciones el cuidado y la confianza que experimenta por medio de la iglesia? ¿En la preocupación que usted tiene por los pobres?*

Porqué se deshacen algunas comunidades

Es necesario tener un compromiso para poder quedarse unidos durante mucho tiempo y ser fieles a los objetivos. Algunos grupos de nuestra parroquia experimentaron tiempos de sequía pero después volvieron a florecer con un nuevo sentido de ser iglesia. ¿Cuánto tiempo debe quedarse un grupo en existencia?

Un grupo necesita varios años para desarrollarse en una verdadera iglesia de base. El propósito no es siempre ser interesantes uno a otro, ni proveer nuevas observaciones, ni ser los mejores amigos. El propósito es llegar a ser una comunidad de discípulos juntos. Eso quiere decir hacer algo por la Iglesia, no sólo para el crecimiento personal de uno mismo.

Algunas comunidades pequeñas llegan a un momento cuando disciernen que quieren hacerse iglesia. Cada grupo tiene que discernir y tomar su propia decisión.

A veces nuestras iglesias pequeñas perdieron a algunos miembros o dejaron de existir por varias razones. Siempre hay personas que buscan los grupos porque los necesitan. Sus problemas personales o familiares son tan intensos que pueden ocupar toda la atención del grupo y los miembros caen en la trampa de gastar todo su tiempo juntos dando consejos o hasta aceptando los problemas personalmente. También hay los que tienen que ser los "papás" de otros adultos y que necesitan que otros sean dependientes (Este tipo nunca debe ser invitado a ser un FP). El grupo pequeño se puede sofocar con estos dos tipos. No se trata de terapia.

El mejor remedio para controlar estos tipos es hacer una evaluación con el grupo (después de llevar algún tiempo en existencia) usando los puntos del convenio inicial (véase el Apéndice A), la evaluación regular del grupo (Apéndice B) y las etapas psicológicas del desarrollo de un grupo (Apéndice E).

Hay que recordar que la reflexión sobre la vida, la oración y el compartir su fe son un desafío que le exiger al miembro de la pequeña comunidad eclesial una clarificación de sus valores y un desarrollo personal. No es fácil cambiar de un estilo de vida cómodo—la iglesia pequeña puede ser una fuente de desafío constante. Es más fácil esconderse en la iglesia grande, y muchas personas prefieren hacer eso.

No es posible evitar que alguien se marche del grupo si eso es lo que quiere hacer. Es de mucha importancia tener un programa inicial que permita a las personas a formar una unión estrecha. Si una persona falta mucho a los encuentros no puede formar una unión fuerte con su grupo. A veces es necesario obligarle a escoger: o asistir o salir del grupo.

El FP puede ver si una persona no participa o si parece que no quiere participar. A veces ayuda hablarle para ver cuál es el problema y si hay alguna solución.

Cada grupo es diferente. Todos pasan por fases, y a veces necesitan mucho tiempo para desarrollarse. Es mejor no disolver el grupo demasiado pronto.

CAPITULO 6

Los otros
75 por ciento

Después de 10 años de mucho esfuerzo hubo un poco
menos de 25% de la parroquia de St. Elizabeth en grupos pequeños.
¿Y qué de los 75% que no están en los grupos? Pueden ser la mayoría
durante otra generación o aun mucho más tiempo. No podemos
tratarlos como si no tuvieran importancia.

Lo más importante en relación con la planeación parroquial es
que todas las actividades y comités parroquiales incluyan un poco de
tiempo quieto para reflexionar en pequeños grupos de dos o tres
sobre una o más preguntas acerca de la vida.

Un equilibrio

Es obvio que la parroquia no puede dejar de funcionar mientras
se reestructura. El conjunto pastoral tiene que hacer la preparación
para los sacramentos, las liturgias dominicales, bodas, entierros,
bautizos, servicio cristiano, etc. ¿Es posible mantener todas las
actividades y reestructurar al mismo tiempo?

Sí y no. No podemos hacer todo como lo estábamos haciendo.
Toda parroquia tiene escasez de recursos, y la reestructuración
requiere mucho de parte de los fieles, el párroco y el personal de la
parroquia. Hay que buscar un nuevo equilibrio. Hay que dejar de hacer
algunas cosas y hacer otras quizá no tan bien como quisiéramos.

Aquí hay unas observaciones:

1) Si uno se dedica al proceso de reestructuración, siempre
encontrará una manera de hacerlo.

2) No es fácil. Toma años o hasta décadas. Algunas personas esperan años y años antes de formar parte de un grupo; algunos grupos comienzan bien y luego tienen problemas. No es posible planear desde el principio cómo y cuándo va a desenvolverse todo.

3) Es irresponsable actuar antes de tiempo. Es necesario planear lentamente y de una manera organizada. Ud. tiene que comenzar con sigo mismo, el personal parroquial, el párroco. Tienen que tener la experiencia del grupo pequeño juntos. Si el párroco no puede formar una pequeña comunidad con su personal pastoral porque no quieren cooperar, necesita empezar a buscar otras personas que quieran ser iglesia con él. Nadie debe intentar esto solo.

4) El personal de la parroquia necesita encontrar la manera de evitar que los asuntos de todos los días les roben el tiempo que necesitan para compartir su fe y orar juntos. *Compartiendo la fe para las pequeñas comunidades eclesiales* provee preguntas de enfoque en la vida hablando del que un equipo pastoral pudiera usar. Dividiendose en grupos más pequeños de dos o tres ayudaría.

5) El conjunto pastoral necesita enfocarse continuamente en el plan pastoral durante las juntas. Pueden comenzar cada junta plan, volviendo a exponer la meta y haciendo una evaluación de cómo van las cosas. Necesitan evaluar de vez en cuando cada actividad de la parroquia en relación con el plan de la reestructuración.

Es en la junta del personal pastoral que se debieran reafirmar para todos la idea del plan y el camino que está tomando la parroquia. El personal pastoral puede tener la máxima influencia en la parroquia y en las comunidades pequeñas si se hace iglesia pequeña con los otros líderes pastorales. También los miembros del personal parroquial tienen que desarrollar un estilo de vida con mucha reflexión escuchando a Dios en sus propias vidas y en sus propios sentimientos.

Una inversión en el futuro

El efecto de las pequeñas comunidades eclesiales sobre la iglesia entera es amplio y duradero porque la iglesia misma está siendo formoda constantemente. Las comunidades pequeñas con sus FPs continúan incluso cuando las personas claves se marchan.

Una inversión quiere decir hacer un sacrificio hoy para tener una ventaja mañana. El tiempo y las fuerzas que se necesitan para las iglesias pequeñas obligan al personal parroquial a hacer menos en la parroquia hoy. Pero será mejor en el futuro, incluso para los 75% que no forman parte de las comunidades pequeñas.

Hay que sacrificar algunas actividades. A veces es posible conseguir más personal para ayudar, o quizá los fieles pueden ser entrenados para algún ministerio. Pero a veces hay que dejar algunos programas y hacer otros menos perfectamente.

Un ejemplo de un programa importante que requiere mucha preparación de parte del conjunto pastoral es el RICA. Hay que tener en cuenta lo siguiente: 1) Las iglesias de base, cuando se hayan formado, serán de mucho apoyo para los catecúmenos. 2) Estas comunidades pueden proveer una formación en la fe continuamente para toda la parroquia. 3) Las comunidades pequeñas pueden proveer nueva gente para trabajar en el programa de RICA y en otros ministerios cada año. 4) La nueva estructura permite que el católico nuevo entre en un grupo pequeño después de haber entrado en la iglesia grande por el RICA.

Así que quizá será necesario poner menos énfasis en el RICA ahora y más énfasis en la reestructuración de la parroquia en pequeñas comunidades eclesiales. Esto pueda ser una buena inversión para el futuro del mismo RICA al largo plazo. Otras actividades simplemente tienen que desaparecer.

La disciplina de las prioridades

Es importante mantener la disciplina de prioridades y volver a lo más básico, es decir, a nuestro corazón y nuestra alma como pueblo. Puede ser difícil para la gente dejar programas que realmente son buenos y útiles. Muchos norte americanos llevan una vida de mucha actividad y poco tiempo para reflexionar.

La disciplina de las prioridades sigue haciendo las mismas preguntas: ¿Para qué existimos? ¿Qué queremos ser? ¿Qué viene primero para llegar allí? ¿Cómo contribuye cada uno de los proyectos o actividades o gastos?

Finalmente, hay que tomar una decisión: seguir con la estructura actual con muchos programas para muchas personas o hacer una reestructuración en comunidades pequeñas que son la iglesia al nivel de base, mientras mantenemos la comunidad parroquial.

•¿Cuáles son los programas que se podrían simplificar o suprimir para hacer tiempo con el fin de llevar a cabo esta nueva reestructuración?

•Mire su lista de personas claves. ¿Cuáles son las actividades parroquiales que estas personas tendrían que dejar para tener el tiempo que necesitarían para asegurar el éxito de este plan?

•¿Cómo puede su parroquia disciplinarse para mantener firmes sus prioridades?

La pregunta original—como llegar a la nueva reestructuración en comunidades pequeñas y continuar todas las otras actividades de la parroquia—no se ha contestado. Quedan los otros 75%. No hay ninguna respuesta definitiva. Este capítulo ha presentado muchas ideas:

• Comenzar el plan parroquial lentamente.

• Decidir cuáles de las actividades actuales
  a) se tienen que hacer con menos perfección
  b) se tienen que hacer más tarde
  c) se tienen que suprimir a beneficio de las pequeñas
     comunidades eclesiales.

• Evaluar, y posiblemente modificar, las esperanzas que Ud. tiene de sí mismo como persona pastoral.

• Mantenerse en el camino de reestructuración. Asegurar que sea el mismo enfoque de todas sus otras actividades pastorales.

• Encontrar a otras personas que puedan compartir la visión y trabajar juntamente con Ud.

La respuesta tiene que venir de Ud., el personal de la parroquia, los fieles, el párroco. Que sigan adelante con confianza.

UNA HISTORIA

He servido durante siete años como párroco de una parroquia de 75 años y que consiste de 1800 familias. Tenemos mucha gente mayor, pero también hay familias jóvenes. Tenemos una escuela primaria y un programa de formación religiosa. Hay un consejo pastoral muy bueno, con sus comisiones, y numerosos grupos activos en la parroquia.

La parroquia es muy activa. El año pasado tuvimos 56 entierros, 51 bodas, 125 bautizos. Hacemos 35 visitas a casas para llevar la eucaristía cada semana. Atendemos a un hospital de convalecientes y tenemos una sociedad de San Vicente de Paúl muy activa. En el otoño tenemos un festival, que sirve para unir la parroquia entera.

En el personal tenemos a 30 empleados de tiempo completo y parcial, incluyendo los maestros de la escuela. Hay seis personas en el personal pastoral que me ayudan a coordinar y trabajar directamente con todos los ministerios y actividades. Los fieles son incluídos siempre que sea posible, que quiere decir que hay muchas juntas de comités y grupos, que exigen mucho tiempo del personal.

Mi filosofía pastoral es la de pasar mucho tiempo con la gente y tratar de tener influencia en sus vidas. Trabajo con ellos, dando apoyo y consejos. Los sacerdotes y el personal deben estar presentes cuando la gente está allí; el ministerio pastoral no es sólo hacer cosas. Es obvio que un estilo de ministerio que se basa en la "presencia" de uno toma mucho tiempo y energía.

La mala noticia es que el verano que viene nuestra parroquia probablemente tendrá sólo un sacerdote de tiempo completo. Antes había tres; hemos tenido dos desde los primeros años de los '70s.

Me gusta el concepto de las pequeñas comunidades eclesiales. El problema que tengo es como dedicarme a este concepto y hacer todo lo que se tiene que hacer en una parroquia grande y establecida al mismo tiempo. Al principio cuando leí este libro, la idea de hacer una reestructuración de esta parroquia me parecía casi opresiva. Me sentí como una persona que comienza a aprender a nadar mirando al Canal de la Mancha.

Después de haberlo pensado mucho, me di cuenta de que gran parte de esta frustración viene de enfocarme en el resultado final—el paso final—en vez de comenzar donde estamos actualmente. Una de las ideas principales es tomar las cosas paso por paso. La iglesia de base ofrece mucho para la Iglesia. No debemos asustarnos del trabajo.

Haga una lista de los pasos que se necesitan de tomar para reestructurar su parroquia, e indique qué acción tendrían que tomar Ud. y otras personas que sirven en el mismo ministerio con Ud. Apunte un mínimo de cinco pasos.

¿Y los niños?

La familia es al centro del futuro. ¿Qué influencia tendrá esta reestructuración en nuestros niños? Los niños serán la iglesia, y eso ocurrirá en unos pocos años.

Aunque los niños no asisten a las juntas de las PCEs, excepto en actividades sociales especiales, reciben el mensaje. Si sus padres están en un grupo, los niños ven claramente que la iglesia no es sólo una hora a la semana. Aún de más importancia es el hecho de que los padres y a son diferentes, y los niños ven los cambios.

El testimonio que sigue es de Pablo, un padre de familia que vende computadoras. Evitaba unirse a una comunidad pequeña durante seis años y nunca participó en la parroquia. Aquí está su historia después de dos años.

UNA   HISTORIA

Mi PCE me ha animado a hacer algunos cambios graduales en mi vida. Ha cambiado quiénes son mis amigos más íntimos. Antes, mis amigos más íntimos eran una pareja que tiene dos carros de $20,000 y tres o cuatro abrigos de pieles. El papá trabaja 14 horas al día, seis días a la semana, y la mamá 10 horas. Los cuatro hijos—de 2 a 8 años de edad—tienen una criada y están dormidos cuando llegan sus padres a casa.

Mis nuevos amigos íntimos de la PCE son católicos corrientes que trabajan mucho y tratan de vivir según las enseñanzas de Cristo.

Pasan tiempo con sus familias y sus amigos. No quiero criticar a mis viejos amigos, son buenas personas y me gustan, pero ahora mis metas y esperanzas son muy diferentes de las suyas. Ahora mi PCE influye en mis metas. Nuestros niños crecen tan rápidamente que necesitan nuestro tiempo, nuestras fuerzas y más que nada, nuestro amor cada día. No les podemos dar el amor si no estamos con ellos, y es cierto que no se lo podemos comprar.

El cambio muy lento en mis metas ha cambiado también las metas de mis hijos; ya no tienen tanto interés en tener ropa y zapatos de la última moda. Han elegido por sus amigos a los que tienen los mismos intereses y se preocupan por otras personas.

Mi PCE ha cambiado mi vida y la vida de mi familia.

Las parejas que están en los grupos pequeños dicen que la vida familiar es visiblemente diferente: ya tienen mejores actitudes el uno hacia el otro, saben a escuchar mejor, y hay un cambio en las prioridades de sus familias.

Hay tantas influencias en la vida de los niños hoy que los padres no pueden controlar-y es aún más complicado cuando no hay ambos papá y mamá en la casa. Hemos descubierto que las PCEs ayudan a la familia más que otros programas parroquiales porque alcanzan a más personas en la comunidad y duran por años.

El contacto entre los adultos y los niños y entre los niños de varias familias dentro de una iglesia pequeña varía. Las familias se saludan en la Misa y pasan tiempo platicando. Y los encuentros toman lugar en las casas. A través de los años los niños sí están siendo bien influenciados por estas pequeñas iglesias.

OTRA HISTORIA

Hola. Soy católica y tengo 14 años. Asisto a una escuela pública. Escucho la música moderna y me visto con la ropa de última moda. Mis padres están en una PCE en nuestra iglesia, St. Elizabeth Seton. Tienen encuentros dos veces al mes los martes o jueves. Las personas del grupo son importantes para mis padres y para mí también.

Yo sé que parece extraño que una chica de 14 podría decir esto, pero, créalo o no, es cierto. Trabajo como niñera para algunas parejas del grupo. Los niños son especiales para mí y sus padres también.

Puedo hablar con los adultos de nuestra iglesia, y antes nunca podía hacerlo. Nunca conocía a los adultos, y yo no tenía intención de cambiar eso. Pero ahora he cambiado. Si yo tuviera algún problema en casa con la familia, probablemente podría hablar con uno de estos adultos.

Hace poco nuestra familia fue de vacaciones con otras personas de la PCE y nos quedamos en una casa que tenía una de las familias. No podíamos ducharnos ni tener mucha privacidad; estábamos todos juntos en una casa. Yo tenía mis dudas sobre el asunto.

En el camino me volvía loca el pensar en de estar con unos niños a los que cuidaba, y sin ducha durante todo el fin de semana. Pensaba que me iba a morir. Después del choque inicial de encontrarme allí, me di cuenta de que no iba ser tan horrible como pensaba. Todos los niños y un par de adultos fuimos a las dunas a pasar el día. Lo pasamos muy bien.

Incluso hablé con una de los adultos. Le dije que me había teñido el pelo y mi papá se enfadó. Ella me explicó que mi padre me quiere mucho y no quiere que sea mayor. Bueno, pues tenía esa botella de color que ya no me hacía falta y se la di.

El domingo todos fuimos juntos a la iglesia y a desayunar. Había una cosa extraña. Me di cuenta de que nadie estaba sentado con su familia. Mi hermano estaba con un chico con quien nunca había sido amigo antes. Yo estaba en una mesa y mis padres en otra. Me parece que nos habíamos hecho como una familia grande dentro de la iglesia.

He aprendido mucho desde ese fin de semana. He aprendido que la vida de la iglesia puede ser divertida—no tenemos que estar rezando todo el tiempo. Y hay otra cosa que sé. Me alegro de que mis padres estén en una PCE.

De aquí, ¿A dónde nos vamos?

Somos llamados a ser iglesia. La reestructuración de la parroquia en permanentes iglesias pequeñas es una manera posible de ser iglesia en nuestro tiempo y nuestra cultura.

Unir a la gente para que sean iglesia unos para otros—este es el papel del párroco. Entonces, si Ud. es ministro pastoral, o si tiene influencia en uno, ojalá que este libro le haya dado una visión con inspiración y los pasos prácticos para planear el procedimiento.

Si hacer una reestructuración de la parroquia no parece el camino correcto para Ud., entonces, ¿qué mejor plan encuentra...
• que no consuma al conjunto pastoral
• que se base en la realidad de ser iglesia
• que conecte la vida diaria con Dios
• que tenga el mismo potencial de afectar profundamente la vida de su parroquia?

Como comenzar

Aquí hay un resumen de los pasos básicos para comenzar:

• Comenzar con Ud. mismo, desarrollando un estilo de vida con mucha reflexión.

• Compartir esta visión con el párroco de la parroquia o una persona del personal pastoral o con unos fieles que pueden tener influencia en la manera de pensar de la parroquia.

• Comenzar un grupo—o varios grupos—con algunos de estos líderes de la parroquia y pasar por la primera experiencia, la segunda fase, etc.

• Comenzar a usar todos los actuales programas e actividades parroquiales como un medio para ayudar el uno al otro a conectar la vida diaria y la fe.

• Seguir buscando posibles facilitadores pastorales y orar por ellos.

Y por encima de todo, sigamos todos orando por la Iglesia y por este trabajo.

Apéndice A

Principios básicos para un acuerdo de un grupo pequeño

1. No faltar a los encuentros excepto en caso de emergencia. Una PCE funciona bien cuando los miembros lo tienen como prioridad.

2. Compartir a sí mismo. Dejar que las otras personas lo conozcan a Ud. hasta el punto donde está dispuesto. Sí, importa como se siente Ud. y como ve las cosas de la vida.

3. Escuchar atentamente a los otros. No dar consejos, sugerencias o terapia (a no ser que se pida específicamente), pero dejar que los otros entiendan que Ud. comprende y que está tratando de apreciar los sentimientos que están expresando.

4. Nunca disputar ni insistir con otra persona. Ser natural, firme, pero no tratar de convencer a los otros de su punto de vista. Todos somos diferentes. Las diferencias son beneficiosas para un grupo.

5. Tratar de mostrar apoyo para cada persona del grupo. Ayudar a los otros a ver sus puntos fuertes y desafiarles cuando no usan sus habilidades.

6. Puede ser útil expresar los sentimientos negativos. No expresar los sentimientos puede construir paredes entre los miembros del grupo. Evitar la burla o el ataque. Enfocarse en como el comportamiento de una persona afecta a Ud. y como mejorar la situación. A veces puede ser útil hablar uno a uno.

7. No hablar de las personas cuando no están presentes.

8. No repetir nada de lo que se ha dicho en el grupo fuera del grupo.

9. Tomar responsabilidad para la vida de la comunidad. Alternar en facilitar o ofrecer sus casas para las juntas. Hacer algo que pueda ayudar a que el grupo se de cuenta de lo que otro miembro esté contribuyendo a ellos. Llamar a un miembro ausente. Orar uno por otro.

Apéndice B

Unas evaluaciones de muestra para una pequeña comunidad eclesial

¿Depende nuestra PCE demasiado del FP?
¿Se ve nuestra PCE como iglesia?
¿Es demasiado sociable nuestra PCE?
¿Pasamos demasiado tiempo hablando de la religión en vez de compartir nuestra fe?
¿Nos distraen frecuentemente cosas que no son importantes?
¿Nos ayuda nuestra PCE a reflexionar sobre nuestros sentimientos acerca de nuestras
    vidas y el papel que hace Dios en ellas?
¿Tiene nuestra PCE un buen sentido de unión con otros niveles de la iglesia?
¿Alcanza nuestra PCE a la sociedad más grande por medio de nuestro servicio?
¿Qué nos ayuda a ser una comunidad eclesial?
¿Qué nos estorba?
PARA LOS FACILITADORES PASTORALES O EL EQUIPO CENTRAL
¿Qué les está ayudando a las PCEs a crecer en nuestra parroquia?
¿Qué evita que crezcamos como PCEs?

RESOLUCIONES:

    1.

    2.

    3.

Apéndice C

Una revisión de vida

ORAR/REFLEXIONAR

1. ¿He podido encontrar algún tiempo cada día para orar y reflexionar? Si no, ¿cuáles son los obstáculos?
2. Hablar de una experiencia con el Señor—o hablar de su ausencia—en estos quince días pasados. ¿Qué oí?
3. ¿Qué me hace más falta para seguir adelante?

ACCION/REINO DE DIOS

4. ¿Qué desafíos encuentro al llevar mi oración y reflexión a mi familia? ¿A mi trabajo? ¿A mi sociedad?
5. ¿Cómo está cambiando mi actitud hacia la gente más olvidada en nuestra sociedad? ¿Qué hago por ellos?

IGLESIA

6. ¿De qué manera me estoy acercando a la Iglesia, el Cuerpo de Cristo?

RESOLUCION

7. Durante los próximos quince días, ¿cuál será mi resolución o plan claro y sencillo? ¿A quién voy a pedir que ore por mí sobre esto?

Formato de dos horas para una reunión de pequeñas comunidades eclesiales en la tercer fase de su desarrollo

CONGREGARSE (SE TOMAN UNOS MOMENTOS PARA ACOMODARSE TODOS)

COMPARTIR EN PARES SOBRE LOS SUCESOS DE SU VIDA Y SUS HÁBITOS DE ORAR

Compartir con su compañero/a sobre lo que está pasando en su vida y sus hábitos de oración durante la semana: ¿Estoy apartando tiempo para la reflexión y oración regularmente? ¿Qué cosas me lo impiden? ¿Cómo afecta mi oración a mi vida familiar? ¿en mi lugar de trabajo? ¿en mi parroquia? ¿a mis puntos de vista y participación en la sociedad? 5 a 10 minutos.

REFLEXIÓN EN SILENCIO

Leer en voz alta el evangelio del domingo que viene. Entonces tomar unos minutos para leer y reflexiónar sobre el Enfoque en la Escritura y las preguntas de Enfoque en la Vida.

COMPARTIR NUESTRA FE EN GRUPOS PEQUEÑOS

Contar la gente para formar grupos de tres personas (a lo más cuatro personas) para compartir sobre las preguntas de Enfoque en la Vida. 15 a 20 minutos.

COMPARTIR NUESTRA FE EN EL GRUPO COMPLETO

Leer de nuevo el pasaje del evangelio en voz alta.

Luego el grupo grande se enfoca en las preguntas "¿y qué?" Qué diferencia hará esto en mis actitudes o acciones en mi familia, lugar de trabajo, participación política o social? ¿Qué podríamos hacer? ¿Qué puedo hacer? 20 a 30 minutos.

ORACIÓN COMPARTIDA

Leer por tercer vez el pasaje del evangelio en voz alta.

Luego se toman turnos para orar espontáneamente juntos de cualquier manera que el Espíritu los mueva (oraciones de petición, gracias, alabanza, cualquier cosa). Ahora es el tiempo para escuchar las necesidades particulares de los miembros y orar por ellos.

PROYECTO DE ESTUDIO Y/O PROYECTO DE ACCIÓN

EVALUACIÓN DE LA JUNTA

REFRESCOS Y SOCIAL

Fiesta de la Sagrada Familia (B)

Lectura I: Sirácides 3:2-6, 12-14
Lectura II: Colosenses 3:12-21
Evangelio: Lucas 2:22-40

Enfoque en las Escrituras

La lectura del Evangelio empieza con la simple escena de una familia judía devota que obedece la Ley. El hombre santo Simeón se encuentra con ellos y les dice que este niño será el cumplimiento de las esperanzas de Israel. No solo eso, sino también será "luz para la iluminación de los gentiles." Uno de los temas dominantes de Lucas es la salvación para todos, gentiles tanto como judíos. Esta simple y fuerte descripción de la Sagrada Familia concluye con su regreso a casa, a la vida ordinaria en una pequeña aldea.

Enfoque en la vida

1. ¿En qué manera o maneras expresan los miembros de su familia el amor de Dios uno al otro? ¿A otros fuera de la familia? ¿En qué necesita sanarse su familia?

2. Reflexione en un tiempo o evento(s) de su niñez que ahora se da cuenta que profundizaron su fe?

3. En su vida, ¿cuáles familias le han afectado? ¿Cómo?

4. Relate una ocasión en que su decisión lo puso en riñas con su familia o amigos.

5. Cuente una experiencia cuando usted, como Simeón, pudo comprender el valor de otra persona y el bien que esa persona podría efectuar.

Apéndice E

Etapas psicológicas del desarrollo de los grupos

	El principio	*El control*	*El conflicto*
El asunto que hay que enfrentar:	¿Voy a parecer tonto? ¿Me van a aceptar? ¿Puedo portarme de una manera natural?	La competencia. ¿Quién controla el ambiente del grupo? ¿Quién es importante?	Una persona que siempre contesta. Una persona que da consejos. Una persona que intenta "convertir" a otra.
Lo que puede ayudar a responder:	Claridad en lo que se espera. Usar preguntas sobre la experiencia. Enseñarse unos a otros destrezas en escuchar bien.	Compartir la responsabilidad de ser líder. Hacer una evaluación del grupo por el grupo. Fijarse en la contribución de cada persona.	Evaluar lo que pasa. Hablar del conflicto y hacer lo necesario para resolverlo.

Continuación de las etapas psicológicas del desarrollo de los grupos

El pertenecer (Compartir sobre la vida y la fe)	La intimidad (seguida del alejamiento)	La conclusión
La confianza	Las pruebas Intimidad, y después dudas	El asunto de la conclusión. El grupo muere.
Pequeños grupos de 3 personas. Tiempo de silencio. Hospitalidad.	Hablar de las etapas de desarrollo de un grupo, incluso ésta.	Reconocer y aceptarla Hacer un "ritual" para concluir

Estas etapas son una parte normal del crecimiento. No es posible eliminar ninguna etapa. El grupo siempre puede volver a una etapa anterior. Un grupo maduro debe mirar a esta progresión, pero no debe analizarse mucho.

Apéndice F

BIBLIOGRAFIA DE RECURSOS
EN ESPAÑOL

Recursos primarios a conseguirse con St. Anthony Messenger Press, 1615 Republic
Street, Cincinnati, Ohio 45210, Tel. (800) 488-0488.

Creando pequeñas comunidades eclesiales: Un plan para reestructurar la parroquia y
renovar la vida católica.

Pastoreando a los 'pastores': Recursos para entrenar y apoyar a los facilitadores
pastorales de Pequeñas comunidades eclesiales.

Orando solos y juntos: Un módulo de oración de 11 sesiones para las Pequeñas
comunidades eclesiales.

Compartiendo la fe para las Pequeñas comunidades eclesiales: Preguntas y comentarios
sobre las lecturas del domingo (Ciclo A, ciclo B, y ciclo C).

Disponible de La Imprenta de la Basílica del Santuario Nacional de Nuestra Señora de
San Juan del Valle, 400 N. Virgen de San Juan Blvd., San Juan, Texas 78589

Ven así como tu eres: Manual para facilitador(a)

Ven así como tu eres: Libreta del participante

Disponible de Editorial Desclée de Brouwer, S.A., Apartado 227-48080, Bilbao (España)

Meditaciones para andar por casa: Con un plan de 12 semanas para la oración en grupos

PROGRAMA SUGERIDO PARA LA PRIMER FASE: LA EXPERIENCIA INICIAL

Ven así como tu eres: Libreta del participante. (Un plan de 12 sesiones para comenzar el
proceso de formar pequeñas comunidades eclesiales.)

Ven así como tu eres: Manual para facilitador(a).

FORMATOS SUGERIDOS PARA LA SEGUNDA FASE: EL MODULO DE ORACION

Orando solos y juntos: Un módulo de oración de 11 sesiones para las Pequeñas
comunidades eclesiales. St. Anthony Messenger Press.

Meditaciones para andar por casa: Con un plan de 12 semanas para la oración en
grupos: Disponible de Editorial Desclée de Brouwer, S.A., Apartado 227-48080,
Bilbao (España)

RECURSOS PARA LA TERCER FASE: LA PEQUEÑA COMUNIDAD ECLESIAL

Compartiendo la fe para las Pequeñas comunidades eclesiales: Preguntas y comentarios
sobre las lecturas del domingo (Ciclo A, ciclo B y ciclo C).
St. Anthony Messenger Press.

PARA ESTUDIO DE LOS MIEMBROS EN PEQUEÑAS COMUNIDADES ECLESIALES

Creando Pequeñas comunidades eclesiales: Un plan para reestructurar la parroquia y
renovar la vida católica, por Arthur R. Baranowski. St. Anthony Messenger Press.

PARA EL ENTRENAMIENTO Y FORMACION DE LOS FACILITADORES PASTORALES

Pastoreando a los 'pastores': Recursos para entrenar y apoyar a los facilitadores
pastorales de Pequeñas comunidades eclesiales, por Arthur R. Baranowski.
St. Anthony Messenger Press